ALLMÄCHTIG?
OHNMÄCHTIG?
GERECHT?

Ein Dialog über Gott
und sein Handeln

ADVENT
VERLAG

Projektleitung und Lektorat: Werner E. Lange
Korrektorat: Sonja Lobitz, Erika Schultz
Einbandgestaltung: Julia Klaushardt, Hope Media Europe e.V.
Titelfoto: Shutterstock – 06photo
Satz: rimi-grafik, Celle
Gesamtherstellung: CPI books GmbH, Leck

Die Bibelzitate sind – falls nichts anderes vermerkt – der
Bibelübersetzung nach Martin Luther (revidierter Text 1984),
durchgesehene Ausgabe in neuer Rechtschreibung,
© 1999 Deutsche Bibelgesellschaft, Stuttgart, entnommen.

Ansonsten bedeuten:

EB = *Revidierte Elberfelder Bibel,* © 1985, 1991, 2006,
      SMC R. Brockhaus im SCM-Verlag, Witten

GNB = *Gute Nachricht Bibel* (revidierte Fassung),
      durchgesehene Ausgabe in neuer Rechtschreibung
      © 2000 Deutsche Bibelgesellschaft, Stuttgart; hrsg.
      zusammen mit dem Kathol. Bibelwerk, Stuttgart.

Hfa = *Hoffnung für alle – Die Bibel* (revidierte Fassung),
      © 1983, 1996, 2002 International Bible Society,
      Brunnen-Verlag, Basel und Gießen

11. Auflage 2021

© 2005 Advent-Verlag GmbH,
Pulverweg 6, 21337 Lüneburg
Internet: www.advent-verlag.de
E-Mail: info@advent-verlag.de

ISBN 978-3-8150-1897-2

Inhalt

Vorwort

Wir leben im Informationszeitalter. Durch das Internet ist uns fast jede Information innerhalb von Sekunden verfügbar. Dennoch haben die meisten Menschen anscheinend keine Antworten auf die wirklich wichtigen Fragen des Lebens.

Gibt es einen Gott? Warum lässt er all das Leid zu, wenn er liebevoll und allmächtig ist? Konnte oder kann er nichts dagegen tun? Kann ich ihm vertrauen oder muss man Angst vor ihm haben? Greift er in unsere Welt oder in mein Leben ein? Welche Rolle spielen die Engel – sofern es sie gibt? Was geschieht nach dem Tod? Droht uns eine Hölle? Endet diese Welt in einem Chaos oder gibt es für uns ein Happyend? Gibt es ein Jenseits, ein ewiges Leben? Und wenn ja, wie kann ich es erlangen?

Für mich sind das die wirklich wichtigen Fragen des Lebens. Sie mögen mir nicht unmittelbar dabei helfen, meinen Lebensunterhalt zu verdienen. Aber die Antworten werden einen entscheidenden Einfluss auf mein Lebensgefühl, meinen inneren Frieden, meine emotionale Gesundheit und meinen Umgang mit anderen Menschen haben.

Ich bin überzeugt, dass diejenigen, die die biblischen Antworten auf diese Fragen gefunden haben, keine Angst mehr vor der Zukunft haben müssen. Mehr noch: Diese Antworten befreien uns von vielem Negativen, motivieren uns zu moralischem Handeln und führen uns letztendlich zu einem glücklicheren Leben.

Viele Menschen machen sich ihr eigenes Weltbild, in dem Gott keine Rolle mehr spielt. Dass sie Gott ablehnen, weil sie ihn und sein Handeln nicht verstehen oder ihn für ungerecht, gar für grausam halten, macht mir Sorgen.

Natürlich weiß auch ich nicht alles über Gott und sein Wesen und Handeln. Das wäre vermessen oder naiv. Aber ich habe erfahren, dass sich dem aufmerksamen und nachdenkenden Leser der Heiligen Schrift mehr Geheimnisse erschließen, als viele zunächst für möglich halten.

Ich habe nicht nur die Bibel im Laufe der Jahre schätzen gelernt, sondern auch jeden Dialog über Gott. Dabei haben die vielfältigen Einwände meiner Gesprächspartner mir geholfen, die entsprechenden Zusammenhänge immer besser zu verstehen.

Als Christ und Management-Berater interessieren mich Menschen und ihre Ansichten über Gott, die Bibel und den Glauben. Auf meinen vielen berufsbedingten Reisen führe ich oft Gespräche. Dabei dauert es meistens nicht lange, bis dieser Themenkreis angesprochen wird. Gibt man sich als gläubig zu erkennen, macht das viele Gesprächspartner neugierig, und oft entwickeln sich spannende Dialoge. Für die meisten Menschen in Westeuropa ist man als gebildeter und bekennender Christ ein Exot.

Das diesem Buch zugrunde liegende Gespräch hat auf einem Nachtflug über den Atlantik stattgefunden. Zunächst habe ich mich bemüht, es so gut wie möglich zu rekonstruieren. Dann gab ich das Manuskript einer Schulfreundin, die seit vielen Jahren als Redakteurin beim öffentlich-rechtlichen Fernsehen arbeitet. Sie war bereit, es durchzuarbeiten und schlüpfte dabei in die Rolle der kritischen Gesprächspartnerin – auch aus eigenem Interesse an den behandelten

Fragen. Sie hat maßgeblich zur vorliegenden Gestalt des Buches beigetragen. Ferner hat der Lektor dieses Buches, Werner Lange, aus seiner langjährigen Erfahrung mit Bibelstudienkreisen zahlreiche Erläuterungen und Argumentationen geliefert, die ich als hilfreich empfand und daher eingearbeitet habe. Ihnen beiden danke ich für ihre Beiträge.

Ich würde mich freuen, wenn das vorliegende Buch vielen Menschen hilft, Gott besser zu verstehen und ihm zu vertrauen – oder wenn es sie zumindest nachdenklich macht und zum Umdenken anregt.

Gerhard Padderatz

1

Eine Reisebekanntschaft

„Fliegen Sie bis Frankfurt durch oder steigen Sie vorher aus?", fragte ich die Dame neben mir, als ich mich setzte. Überrascht sah sie auf und stutzte einen Moment. „Wieso? Wir machen doch gar keine Zwischenlandung!"

„Ich hätte mir sonst auch Sorgen gemacht", erwiderte ich. „Wie ich sehe, haben Sie keinen Fallschirm dabei."

Sie lachte spontan. Wir begegneten uns auf dem USAir-Flug von Pittsburgh nach Frankfurt am 1. Juli 2003. Es war fast 18 Uhr, als wir in den klaren Sommerhimmel aufstiegen. Wir würden die nächsten acht Stunden nebeneinander sitzen.

Aufgrund ihrer positiven Reaktion dachte ich mir, dass meine Sitznachbarin einer Unterhaltung gegenüber nicht abgeneigt war. Zudem faltete sie die deutsche Tageszeitung, die auf ihrem Schoß lag, nun rasch zusammen.

Auf meinen Flügen unterhalte ich mich gern, weil mich die Ansichten anderer Menschen und ihre Antworten auf die wichtigen Fragen des Lebens interessieren. Vor allem möchte ich ihnen auch gern etwas von dem erzählen, was ich über Gott kennengelernt und mit ihm erfahren habe.

Von meiner Nachbarin – ich schätzte sie auf Anfang 60 – erfuhr ich, dass sie verwitwet war und einen erwachsenen Sohn hatte. Sie stammte aus Düsseldorf und hatte gerade ihre Schwester in Pittsburgh besucht.

„Ich sehe, Sie haben sich schon wieder auf Deutschland eingestellt", sagte ich, indem ich auf ihre Zeitung deutete.

„Genau. Das ist sogar die Zeitung von heute. Aber es steht nicht viel Neues drin. Und das Meiste sind ohnehin schlechte Nachrichten."

„So sind die Medien. ‚Bad news are good news', sagt man ja in Amerika."

„Das ist schon komisch, dass die meisten von uns lieber schlechte als gute Nachrichten lesen wollen." Sie sah mich an.

„Woran liegt das Ihrer Meinung nach?", fragte ich.

„Ich glaube, wir brauchen das. Vielleicht wollen wir die Tragödien anderer mit unserem eigenen Schicksal vergleichen, damit wir uns besser fühlen. Denn gemessen an den vielen traurigen Geschichten, von denen man liest, geht es den meisten von uns ja ziemlich gut."

„Ja, das stimmt. Aber wird das so bleiben? Wird die Welt besser oder schlechter?"

„Wie meinen Sie das?", fragte sie. „Moralisch, wirtschaftlich oder in Bezug auf die Umwelt?"

„Ganz allgemein", erwiderte ich. „Wohin steuert die Welt? Was bringt uns die Zukunft? Worauf müssen wir uns als Menschheit einstellen?"

„Ich hoffe, Sie wollen mit mir jetzt nicht über Religion reden", erklärte meine Gesprächspartnerin resolut, aber nicht unfreundlich. „Ich glaube nämlich nicht an Gott."

Ihre Direktheit gefiel mir. Mein Stichwort war gefallen.

„An Gott glaube ich nicht", wiederholte sie langsam und fügte nach einer kleinen Pause hinzu: „... an Schutzengel schon – aber nicht an Gott."

Ich war verblüfft: „Wieso glauben Sie an Schutzengel?" Ich ahnte nicht, dass diese Frage der Einstieg in einen Themenkreis war, der uns die nächsten acht Stunden beschäftigen sollte.

„Oh, da könnte ich Ihnen *einige* Geschichten erzählen", begann sie. „Als ich 19 war, erlebte ich mit meinen Eltern und meiner Schwester einen schweren Autounfall. Es war Winter und die Straßen waren vereist. Mein Vater verlor in einer Kurve die Kontrolle über den Wagen. Wir rutschten auf dem Glatteis über den Straßenrand und stürzten dann einen Hang hinunter. Dabei haben wir uns zweimal überschlagen. Das Auto war Schrott, aber außer ein paar Schrammen und Beulen war keiner von uns ernsthaft verletzt.

In einem anderen Fall ging es um meinen Onkel. Der lebt schon lange nicht mehr. Damals war er Anfang 50. Seine Tochter hatte gerade ihr erstes Kind bekommen. Als er sie im Krankenhaus besuchte, bekam er ausgerechnet dort einen schweren Herzinfarkt. Er saß am Wochenbett und kippte einfach um. Im Krankenhaus konnte man ihm natürlich innerhalb von Minuten helfen. Nur wenig später wäre er wohl gestorben. Beides waren bestimmt keine Zufälle. Deshalb glaube ich, dass wir alle einen Schutzengel haben."

„Davon bin ich auch überzeugt, denn die Bibel berichtet an vielen Stellen über Engel. Sie sind Gottes Boten und arbeiten in seinem Auftrag. Viele Menschen wissen leider wenig darüber."

Meine Sitznachbarin sah mich auffordernd an. Deshalb traute ich mich nachzufragen.

„Jetzt bin ich neugierig geworden, warum Sie zwar an Schutzengel, aber nicht an Gott glauben."

Sie drehte sich mir zu.

Um ihr eine Antwort zu erleichtern, fügte ich hinzu: „Ich vermute, dass Sie gute Gründe dafür haben."

2

Warum viele Menschen Gott ablehnen

Meine Gesprächspartnerin überlegte einen Moment: „Wissen Sie, als Kind bin ich von meinen Eltern christlich erzogen worden und in den Religionsunterricht gegangen. Aber es gibt einfach Dinge im christlichen Glauben, die mich stören oder die ich nicht verstehe. Wenn Gott angeblich gütig und allmächtig ist, warum lässt er dann so viel Leid zu? Was können zum Beispiel Kinder dafür, dass sie in Kriegen so leiden müssen? Warum greift Gott da nicht ein? Ist er ohnmächtig?

Oder: Warum hat Gott im Paradies den Baum der Erkenntnis gepflanzt und Adam und Eva verboten, davon zu essen? Und warum wurden sie gleich mit dem Tod bestraft, als sie es taten?

Und was ist mit der Hölle? Wie kann ich glauben, dass Gott liebevoll sein soll, wenn er Menschen im Höllenfeuer quält? Als Kind hatte ich vor der Höllenstrafe immer Angst.

Und noch etwas: Ist es gerecht, dass es manchen schlechten Menschen so gut geht? Müsste ein angeblich gerechter Gott nicht auch dagegen etwas tun?

Glauben Sie an einen gerechten und gütigen Gott? Es tut mir Leid, aber ich kann das nicht. Unser Schicksal scheint ihm völlig egal zu sein."

Ich spürte ihre Verbitterung und schwieg zunächst aus Rücksicht auf ihre Gefühle. Es schmerzte mich, dass sie nicht an Gott glauben konnte, weil sie ein falsches Bild von ihm hatte; andererseits wunderte es mich auch nicht, denn ich würde ähnlich denken, wenn ich Gott nicht durch die Bibel anders kennengelernt hätte.

„Sie haben da einige wichtige Fragen aufgeworfen, die mich selbst seit langem beschäftigen", sagte ich. „Über sie habe ich mir viele Gedanken gemacht und in der Heiligen Schrift wichtige Informationen dazu gefunden. Zusammen mit einigen logischen Schlussfolgerungen helfen sie uns, Gott besser zu verstehen."

„Sie nehmen es mir sicher nicht übel, dass ich da skeptisch bin."

„Natürlich nicht. Solche Gesprächspartner sind mir sehr recht. Die Wahrheit Gottes hat ihre eigene Überzeugungskraft, wenn wir sie kennenlernen. Wenn es Sie interessiert, würde ich mit Ihnen gern über einige Aussagen der Bibel und meine Überlegungen dazu sprechen."

„Wenn Sie mich nicht vollquatschen", sagte sie. „Ich kann nämlich eines nicht ertragen: Leute, die andere missionieren wollen. Ich bin nun mal eine Skeptikerin und mag nicht mundtot geredet werden. Wahrscheinlich gehören Sie auch zu diesen Menschen, die einmal ihren Glauben gefunden haben und nun jede Gelegenheit ergreifen, um ihre Überzeugungen anzubringen." Sie setzte sich kerzengerade hin und sah mich herausfordernd an.

Ich lächelte sie an und erklärte: „Ich möchte vielmehr meine Schlussfolgerungen im Gespräch mit anderen überprüfen, denn von ihren Einwänden und Fragen habe ich immer selbst profitiert."

„Einwände und Fragen habe ich sicher eine Menge. Da sind Sie bei mir an der richtigen Adresse."

„Das freut mich. Mit Ihrer Skepsis Gott gegenüber stehen Sie ja nicht allein da." Ich hielt inne.

Sie schaute mich fragend an. Das war für mich das Zeichen fortzufahren. „Ich habe einmal in Kalifornien einen Theologieprofessor kennengelernt", erzählte ich, „der seine Studenten durch die ganze Heilige Schrift führte, und zwar immer mit der einen Frage:

‚Welch ein Bild zeichnet das jeweilige Buch der Bibel von Gott?' Um Anschauungsmaterial für seine Vorlesungen zu sammeln, flog er auch nach England und nahm dabei ein Kamerateam mit. Er interviewte viele Leute und stellte dabei immer die gleichen Fragen. Die erste lautete: ‚Glauben Sie an Gott?' Viele antworteten etwa: ‚Früher als Kind habe ich an Gott geglaubt, aber heute kann ich das nicht mehr.'"

„Als Kind habe ich auch geglaubt", sagte meine Sitznachbarin. „Aber das lag sicher daran, dass ich damals noch nicht so viel wusste wie heute."

Ich spürte, dass ihre Abwehrhaltung verschwunden war, und fuhr fort: „Der Professor fragte dann weiter: ‚Wie müsste ein Gott sein, dem Sie vertrauen würden?' Die meisten Antworten lauteten: ‚Er müsste wie ein guter Freund sein, auf den ich mich verlassen kann.' ‚Jemand, der immer da ist, wenn ich ihn brauche.' ‚Er sollte mich verstehen und lieben und nachsichtig mit mir umgehen.' All diese Personen haben Gott so beschrieben, wie Jesus Christus ihn uns dargestellt hat und wie er tatsächlich ist! Der Gott aber, den sie ablehnten, war nicht der wahre Gott, sondern eine schlechte Karikatur von ihm."

„Irgendwie müssen diese Menschen ja darauf gekommen sein", sagte meine Gesprächspartnerin trocken. „Sicherlich haben sie schlechte Erfahrungen mit Gott gemacht. Schauen Sie sich doch mal das ganze Elend auf diesem Planeten an. Wo, bitteschön, ist da Ihr Gott?"

3

Das Übel fing im Himmel an
Die Rebellion Luzifers und *Gottes Reaktion*

„Die ganze Sache hat mit den Engeln zu tun, an die Sie glauben. Wissen Sie, dass es einmal eine Rebellion unter ihnen gab?"

„Nein, davon habe ich noch nie gehört."

„Die Heilige Schrift berichtet, dass es einen Engelsfürsten gab, der in der lateinischen Übersetzung als ‚Luzifer' bezeichnet wird.[1] Sein Name bedeutet ‚Lichtträger' oder ‚der Scheinende'. Er war überragend schön und sehr intelligent. Luzifer war wohl der höchste Engel an Gottes Thron, ein geschaffenes Wesen, aber doch vollkommen.[2]

Irgendwann sind Luzifer jedoch seine Schönheit und Intelligenz zu Kopf gestiegen. Die Bibel berichtet, dass er sich wegen seiner Schönheit gegen Gott erhob."[3]

„Wie ist das passiert?"

„Darüber berichtet uns die Bibel nichts. Aber mir hat ein Bild sehr geholfen, es besser nachvollziehen zu können. Wie entdeckt jemand, dass er oder sie schön ist? Meistens doch, indem sie in den Spiegel blicken und sich mit anderen vergleichen. So etwas Ähnliches muss Luzifer getan haben. Ihm ist sozusagen im Spiegel bewusst geworden, welch hervorragende Fähigkeiten er gegenüber den anderen Engeln besaß. Aber zu viel in den Spiegel oder auf sich selbst zu schauen hat einen großen Nachteil."

---

[1] Jesaja 14,12 *Vulgata*
[2] Hesekiel 28,14–16.12b
[3] Hesekiel 28,17a

„Was meinen Sie damit?"

„Luzifer hat dabei Gott aus den Augen verloren – seinen Schöpfer, dem er doch alles verdankte, was er war und konnte."

Ich hielt inne und sah meine Gesprächspartnerin an. „Darin steckt für mich eine tiefe existentielle Wahrheit: Wenn wir in unserem Leben Gott aus den Augen verlieren, geht immer etwas schief – jedenfalls auf lange Sicht. Ich habe das oft beobachtet und auch selbst erfahren."

„Meinen Sie wirklich?"

„Bei Luzifer war es jedenfalls so. Irgendwann war er mit seiner Stellung unter Gott nicht mehr zufrieden. Es gab dafür keinen plausiblen Grund, denn er war ja das höchste geschaffene Wesen. Die Bibel berichtet über Luzifers Absichten, Gott gleich zu sein und einen eigenen Thron zur Herrschaft über die anderen Engel zu errichten.[44] Kennen wir das nicht zur Genüge: Machtgier und Egoismus?"

„Ja, das ist leider weit verbreitet."

„Mit der Selbstsucht hat also das ganze Übel im Universum angefangen. Bei einer selbstsüchtigen Person kreist alles um sie selbst – und die Kreise werden immer enger. Das steht im Gegensatz zum Lebensprinzip Gottes, der selbstlosen Liebe. Da weiten sich die Kreise immer mehr und schließen andere mit ein."

„Warum hat Gott dem egoistischen Streben Luzifers denn nicht gleich einen Riegel vorgeschoben? Er war doch allmächtig."

„Das ist die entscheidende Frage", pflichtete ich ihr bei. „Die mussen wir unbedingt klären, um Gottes Handeln zu verstehen. Was hätte Gott denn tun können oder müssen, um völlig sicher zu sein, dass sich keines seiner Geschöpfe je gegen ihn auflehnt?"

---

[4] Jesaja 14,13.14

„Er hätte sie vollkommen schaffen müssen, ohne irgendwelche schlechten Neigungen."

„Nach dem Bericht der Bibel hat Gott genau das getan. Luzifer wird ausdrücklich als ‚Abbild der Vollkommenheit' und ‚ohne Tadel' bezeichnet.[5] Gott hat keine Engel mit Defekt geschaffen, nur solche mit besonderen Gaben – und einem freien Willen. Und darin liegt die Möglichkeit, dass sie sich gegen ihn entscheiden konnten." Ich hielt inne.

Meine Nachbarin schien nachzudenken. Sie sah mich eine Weile schweigend an, dann sagte sie langsam: „Ich glaube, ich verstehe, worauf Sie hinauswollen: Er hätte alle Geschöpfe ohne einen freien Willen schaffen müssen. Nur dann wäre ausgeschlossen, dass sich jemand gegen ihn auflehnt."

„Ja, das denke ich auch. Alle geschaffenen Wesen müssten ähnlich wie Roboter oder Marionetten funktionieren. Damit ergibt sich die nächste wichtige Frage: Wenn Gott Gott ist, wusste er doch sicher, wohin es führen kann, wenn er seinen höheren Geschöpfen einen freien Willen gibt. Warum hat er es dennoch riskiert?"

„Woher soll ich das wissen? Das würde ich Gott auch gerne fragen", sagte sie mit einem leisen Ton der Empörung.

„Ich meine, wir sollten nicht zu früh aufgeben, Gott verstehen zu wollen. Gott hat uns Menschen ‚nach seinem Bild' geschaffen,[6] mit Vernunft und der Fähigkeit, ihn zu erkennen. Gehen wir die Frage von einer anderen Seite an: Was schätzen Sie an zwischenmenschlichen Beziehungen am meisten?"

Sie dachte einen Augenblick nach. „Dass ich einem anderen vertrauen kann und er mir vertraut."

---

[5] Hesekiel 28,12b.15
[6] 1. Mose 1,27 EB

„Ich auch. Und noch mehr schätze ich es, von einer anderen Person geliebt zu werden."

„Da haben Sie natürlich Recht. Das ist das Wertvollste." Sie nickte.

„Erlauben Sie mir eine persönliche Frage: Was würde es Ihnen als Mutter bedeuten, wenn es bei Ihrem Sohn einen Knopf gäbe, auf den Sie nur drücken müssten, damit er sagt: ‚Mutti, du bist die Beste. Mutti, ich hab dich lieb!'?"

„Natürlich nichts!", sagte sie mit Nachdruck.

„Es ist klar: Ohne eine freie Entscheidung gibt es keine echte Liebe. Wenn ich eine Waffe in der Hand hätte, könnte ich Sie wahrscheinlich zwingen, aufzustehen oder bestimmte Dinge zu tun. Ich könnte Sie aber nicht dazu bringen, mich zu lieben oder mir zu vertrauen."

„Sicher nicht."

„Das kann man nicht erzwingen", wiederholte ich, um ihr diesen wichtigen Punkt einzuprägen. „Man kann Liebe und Vertrauen nur freiwillig erweisen."

Sie lachte. „Ich könnte Ihnen etwas vorheucheln und Ihnen sagen, was Sie hören wollen. Aber in dem Moment, in dem Sie keine Waffe mehr hätten, wäre ich weg. Ich würde Sie verachten, weil Sie mich zum Heucheln gebracht haben, oder hätte noch Angst."

„Wie finden Sie einen solchen Gott, dem es wichtiger ist, in seinem Universum Beziehungen zu ermöglichen, die auf Vertrauen und Liebe basieren, statt völlige Sicherheit zu gewährleisten?"

„Das verstehe ich nicht. Was hat das mit Sicherheit zu tun?"

„Ich meine hier die Sicherheit vor einer Rebellion gegen seine Herrschaft", erklärte ich. „Mit Zwang und Gewalt kann man vor einer Auflehnung eher sicher sein als mit Freiheit, Liebe und Vertrauen. Das birgt immer ein gewisses Risiko in sich. Aber gerade vor solch einem Gott, der dieses Risiko eingeht, damit es liebevolle und vertrauensvolle Beziehungen geben kann, habe ich großen Respekt. Ja, ich finde ihn großherzig und liebenswert."

„Das kann ich nachvollziehen."

„Verfolgen wir die Geschichte dieses Aufruhrs weiter: Wie mag Gott auf die Machenschaften Luzifers reagiert haben?"

„Woher soll ich das wissen? Sie sind doch der Bibelexperte. Was hat er denn getan?"

„Das wird in der Bibel nicht beschrieben. Aber an vielen Stellen wird Gott als barmherzig, gnädig und geduldig bezeichnet.[7] Einmal, als er Mose erschien, bezeichnete er sich sogar selbst so.[8] Und da Gott sich in seinem Charakter nicht verändert,[9] können wir schlussfolgern, dass er auch gegenüber Luzifer so reagiert hat. Er wird ihm erklärt haben, dass es keinen Grund für seine Unzufriedenheit und seine Bestrebungen nach mehr Macht gibt und es vom Prinzip her einem Geschöpf unmöglich ist, seinem Schöpfer gleich zu sein. Gott wird ihm sicher auch angeboten haben, ihm zu verzeihen, wenn er seine gefährlichen Ambitionen aufgibt und ihm gegenüber loyal bleibt. Können Sie sich vorstellen, wie Luzifer darauf reagiert haben könnte?"

„Keine Ahnung. Aber jetzt wird's spannend. Wenn ich mich in Luzifer hineinversetze, dann würde ich versuchen, Gott weiter auszutesten, und ausprobieren, wie weit ich gehen kann."

„So tun es ja oft Kinder ihren Eltern gegenüber", sagte ich. „Und wenn man nachgiebig ist, wird das schnell als Schwäche ausgelegt. Kinder und auch

---

[7]   Psalm 86,15; 103,8
[8]   2. Mose 34,6
[9]   Hebräer 1,12; Jakobus 1,17

Erwachsene fühlen sich dann bestärkt fortzufahren. So hat wohl auch Luzifer Gottes sanfte Reaktion als ein Zeichen von Schwäche angesehen. Jedenfalls hat er sich von seinem Vorhaben, Gottes Stellung einzunehmen, nicht abbringen lassen, wie wir wissen. Er hat mit seiner Rebellion weitergemacht und etliche Engel auf seine Seite gezogen."

„Aber warum hat Gott diesen Aufruhr nicht gleich zerschlagen und im Keim erstickt? Warum hat er Luzifer und dessen Anhänger nicht sofort getötet, als er wusste, dass sie nicht mehr umkehren würden?"

„Damit sind wir bei der alles entscheidenden Frage, die wir unbedingt klären müssen, um besser zu verstehen, warum es so viel Leid und Elend auf dieser Welt gibt. Die Bibel beantwortet diese Frage zwar nicht direkt, erwähnt aber einige Charaktereigenschaften und Handlungsweisen Satans, aus denen wir ersehen können, wie er vorgegangen ist. Daraus können wir dann eine Antwort ableiten."

„Sie machen es aber kompliziert. Und wieso reden Sie plötzlich von Satan?", warf meine Nachbarin ein.

„Die ganze Sache mit dem Aufkommen der Sünde und dem Ursprung des Leides ist tatsächlich kompliziert, sonst würden nicht so viele Menschen an Gottes Handeln zweifeln", räumte ich ein.

„Da haben Sie Recht", sagte meine Gesprächspartnerin mit einem leicht resignierten Unterton.

„Nun zu Ihrer Frage. Durch seine Rebellion hat sich ‚Luzifer', der ‚Lichtträger', selbst zum ‚Satan' gemacht. Dieses hebräische Wort bedeutet übersetzt ‚Widersacher' oder ‚Feind' und beschreibt seine Stellung zu Gott. Im Neuen Testament wird er hauptsächlich als ‚Teufel' bezeichnet. Das Wort stammt von dem griechischen ‚diabolos', was ‚Verleumder' bedeutet. Wir nennen ja etwas ‚diabolisch', wenn wir meinen, es sei teuflisch."

„Was so alles in diesen Namen steckt, hätte ich nicht gedacht."

„Christus bezeichnete Satan einmal als ‚Vater der Lüge'",[10] fuhr ich fort. „Wir würden sagen: ‚Erfinder der Lüge'. Deshalb können wir schlussfolgern, dass er von Anfang an bei seiner Auflehnung gegen Gott nicht offen, sondern mit Lügen, Unterstellungen und Verleumdungen gearbeitet hat. Auch gegenüber den ersten Menschen hat er behauptet, sie würden nicht sterben, wenn sie vom ‚Baum der Erkenntnis' essen würden, obwohl Gott genau das Gegenteil gesagt hatte.[11]

Um Gottes Reaktion auf Satans Machenschaften zu verstehen, müssen wir zunächst die Frage klären: Wie schaffen wir Lügen und Verleumdungen wieder aus der Welt? Lassen Sie mich ein absurdes Beispiel nehmen: Angenommen, ich würde in Düsseldorf bei Leuten, die Sie kennen, Lügen und Verleumdungen über Sie verbreiten. Sie wären das sicher bald leid. Nehmen wir weiter an, Sie würden mich daraufhin erschießen. Was würden die Leute über das denken, was ich über Sie verbreitet habe?"

„Ihr Beispiel ist wirklich absurd. Ich glaube, meine Nachbarn wären erst einmal über meine Reaktion schockiert, bevor sie über den Inhalt Ihrer Aussagen nachdenken könnten."

„Natürlich, das hätten sie nie von Ihnen erwartet. Könnte es aber sein, dass einige nach einer Weile denken würden: *Da muss doch etwas dran gewesen sein, wenn sie zu solch einer Maßnahme greift?*"

„Das mag durchaus sein."

„Meine Lügen hätten also durch Ihre Reaktion mit Gewalt nur an Glaubwürdigkeit gewonnen, nicht

---

[10] Johannes 8,44
[11] 1. Mose 3,4.5; vgl. Kap. 2,17

wahr? Lügen kann man also nicht ausrotten, indem man den Lügner einfach umbringt", erklärte ich mit Nachdruck. „Das Problem, das durch die Lügen und Verleumdungen Satans entstanden war, war also nicht mit dem Einsatz von Macht und Gewalt zu lösen. Selbst göttliche Macht konnte hier nichts ausrichten."

„Das leuchtet mir ein."

„Außerdem erfahren wir in der Heiligen Schrift, dass Satan mit List arbeitet[12] und zudem seinen Bestrebungen einen positiven Anschein gibt. Paulus schrieb, er verstelle sich als ‚Engel des Lichts',[13] d. h. er tue so, als verfolge er gute Absichten und Ziele. Bei all seinen Verleumdungen gegen Gott hat er sich also noch als Wohltäter der Engel hingestellt und versucht, ihnen weiszumachen, dass sie es unter seiner Regierung besser hätten als unter Gottes Herrschaft.

Das war natürlich für die Engel schwer zu durchschauen, als Luzifer mit seiner Rebellion anfing. Sie kannten so etwas ja nicht. Vor welcher Frage standen die Engel also damals?"

„Sind wir jetzt im Religionsunterricht? Sie haben manchmal eine schulmeisterliche Art!", sagte meine Sitznachbarin etwas genervt.

„Entschuldigen Sie bitte", sagte ich schnell. „Das will ich nicht. Ich versuche nur, Sie durch meine Fragen in die Logik des Gedankenganges mit einzubeziehen. Ich möchte Ihnen ja weder etwas vorpredigen noch einfach fertige Antworten liefern. Beides würde Ihnen wenig dabei helfen, Gott besser zu verstehen."

„Ich verstehe Ihre Absichten", lenkte sie ein.

Dadurch ermutigt, fuhr ich fort: „Mir hat die genannte Frage viel weitergeholfen, um einen wichtigen

---

[12] Apostelgeschichte 13,10
[13] 2. Korinther 11,14

Aspekt in Bezug auf den Glauben an Gott zu verstehen. Wenn Luzifer etwas anderes sagte als Gott, mussten sich die Engel entscheiden, wem sie vertrauen sollten. Vertrauen in Gott war eine der Grundlagen für ein vollkommenes Universum. Die Notwendigkeit, an Gott zu glauben, d. h. ihm zu vertrauen, bestand selbst für die Engel im Himmel, die Gott sehen und mit ihm reden konnten. Dass wir Gott vertrauen müssen, hat nichts damit zu tun, dass wir ihn nicht sehen können."

„Sie sagen ‚vertrauen *müssen*'. Das Wort ‚müssen' hat aber nichts mit Freiwilligkeit zu tun!"

„Sie haben Recht", erwiderte ich. „Dieses ‚müssen' hört sich nach Zwang an. So meine ich es hier aber nicht. Es geht um eine *notwendige* Voraussetzung, nicht um einen göttlichen Zwang. Ohne Vertrauen konnte die Harmonie nicht bestehen bleiben."

„Das ist mir jetzt klar geworden."

„Um Gottes Reaktion auf die Machenschaften Satans zu verstehen, müssen wir noch etwas bedenken: Wie hätte es sich auf die loyalen Engel und alle anderen intelligenten Wesen ausgewirkt, wenn Gott Satan wegen seiner Bestrebungen aus dem Weg geschafft hätte?"

„Er hätte sich wohl manches erspart", meinte meine Gesprächspartnerin.

„Auch auf lange Sicht? – Nennen wir die Sache mal klar beim Namen: Gott wäre wie ein Mörder erschienen, denn die Engel hätten ja – wie Ihre Nachbarn bei meinem absurden Beispiel – den Grund dieser Maßnahme nicht verstanden. Welche Folgen hätte das wohl gehabt?"

„Wahrscheinlich hätte sich niemand mehr getraut aufzumucken. Die Engel hätten Angst bekommen."

„Das denke ich auch. Bei der Erziehung von Kindern ehen wir ja, wohin das führt: Gehorsam, der durch Druck oder Angstmacherei erzwungen wird, bringt auf Dauer den Charakter eines Rebellen hervor."

„Das kenne ich. Ich bin mit viel Druck erzogen worden. Das erzeugt Angst, aber keine Einsicht. Ich weiß, wovon ich rede. Und irgendwann wird man trotzig und rebellisch – wenn man innerlich noch nicht zerbrochen ist."

Ich nickte. „Auf Gott und das Universum bezogen bedeutet das: Wenn er Luzifer vernichtet hätte, hätten die Engel ihm aus Angst statt aus Liebe gedient und der nächste Aufruhr wäre vorprogrammiert gewesen. Die Lügen und Verleumdungen Satans hätten Nahrung bekommen. Mit dem Ausüben seiner Macht konnte Gott das Problem also nicht lösen!

Und nun können Sie sich Ihre Ausgangsfrage selbst beantworten", sagte ich und sah sie erwartungsvoll an: „Warum hat Gott das Böse nicht beseitigt, obwohl er doch allmächtig ist?"

„Hätte er Satan beseitigt, dann wäre damit tatsächlich nichts gewonnen gewesen. Irgendwann hätten die Engel keine Lust mehr gehabt, Liebe zu Gott vorzutäuschen und in Angst zu leben. So geht es ja auch den Menschen, die in Diktaturen leben. Das wäre so, als ob Gott Öl ins Feuer gegossen hätte."

„Das sehe ich genauso. Dies ist ein sehr wichtiger Punkt: Das Problem, das Luzifer durch seine Bestrebungen, Lügen und Verleumdungen aufgebracht hat, war mit dem Einsatz von Macht nicht zu lösen – selbst mit Gottes so genannter ‚Allmacht' nicht.

Gehen wir noch einmal zurück: Gott hat keinen Satan geschaffen, sondern einen vollkommenen Engel namens Luzifer, der der oberste der Cherubim war.[14]

---

[14] Hesekiel 28,14

Sie erinnern sich sicher, dass in Weihnachtsliedern öfter von den Cherubim, den höchsten Engelwesen, gesungen wird. Luzifer hat *sich selbst* zum Teufel, zum Verleumder gemacht, und zum Satan, zum Feind Gottes.

Das Böse war also nun aufgetreten. Was konnte Gott tun, um es wieder aus der Welt – oder besser: aus dem Universum – zu schaffen? Wie konnte er die Engel und alle vernunftbegabten Geschöpfe davon überzeugen, dass die Behauptungen und Unterstellungen Satans Lügen und Verleumdungen waren?"

Meine Nachbarin sah mich eine Weile nachdenklich an und sagte dann: „Eigentlich hätte Gott einen öffentlichen Prozess veranstalten müssen. Alles müsste wie in einer rechtsstaatlichen Gerichtsverhandlung ablaufen. Die Beweise müssen auf den Tisch, Zeugen werden gehört und Plädoyers gehalten. Und am Ende würden die Geschworenen und Richter ein Urteil fällen. Wer nichts zu verbergen hat, dürfte vor solch einer Verhandlung eigentlich keine Angst haben – besonders dann nicht, wenn das Gericht in der Lage ist, alle verborgenen Tatsachen ans Licht zu bringen."

„Genau das ist letztlich die Lösung Gottes", sagte ich. „Es wird am Ende einen ausführlichen Gerichtsprozess geben. Doch zuvor müssen erst einmal klare Beweise gesammelt werden, damit die Entscheidung eindeutig ausfällt. Sonst würde ja lediglich Behauptung gegen Behauptung stehen. Sie kennen das aus Filmen mit Gerichtsprozessen.

Das bedeutet: Gott musste Satan unbedingt Gelegenheit geben, seine Anschuldigungen gegen ihn zu beweisen und durch sein Handeln zu zeigen, was dahintersteckt und wie sein wahrer Charakter ist. Gott konnte nur darauf setzen, dass Satan sich im Laufe der Zeit selbst entlarven und sich die Maske vom Gesicht ziehen würde."

„Welche Anschuldigungen waren denn das?"

„Gott sei selbstsüchtig, von Machtstreben getrieben und ungerecht. Er lasse sich von seinen Geschöpfen bedienen, tue aber nichts wirklich für sie.

Die Gegenbeweise ergeben sich daraus, dass er in seinem Handeln und in seiner Reaktion auf Satans Machenschaften seinen Charakter und die Prinzipien seiner Regierung demonstrierte – indem er ihn eben nicht gleich vernichtete, sondern barmherzig und liebevoll reagierte. Er appelliert an das Urteilsvermögen der Engel und aller intelligenten Geschöpfe, auch der Menschen.

Die schrecklichen Folgen der Erhebung Satans und seiner Art der Regierung werden schließlich vor dem gesamten Universum deutlich werden. Sein wahrer Charakter wird ebenso wie der wahre Charakter Gottes offenbar werden. Dann kann sich jedes intelligente Wesen am Schluss im Gericht sein eigenes Bild machen, um zu einem gerechten und tragfähigen Urteil zu kommen."

„Das hört sich gut an", meinte meine Gesprächspartnerin.

„Um Gottes Handeln besser zu verstehen, ist ein weiterer Punkt wichtig. Da *ein* Vorwurf Satans lautet, Gott sei ungerecht und unfair – manche bevorzuge und andere benachteilige er –, muss er in seinem Handeln gegenüber Satan absolut fair vorgehen. Gott darf sich also keine Rechte herausnehmen, die er nicht auch gleichermaßen Satan zugesteht. Er darf Satans Handeln nicht einschränken! Und deshalb kann er auch die Folgen davon nicht von Fall zu Fall aufheben oder verhindern."

„Heißt das, er muss Satan einfach machen lassen?"

„Im Prinzip: ja. Das Drama der Sünde muss einmal durchgespielt werden, damit am Ende alle sehen, wohin eine Rebellion gegen Gott führt. Alle müssen erkennen, dass Gott wirklich barmherzig, liebevoll und gerecht ist und unsere Liebe und unser Vertrauen verdient.

Das Ganze wird dann gewissermaßen wie eine Schutzimpfung wirken: Nachdem alle Fragen geklärt sind und der Bazillus Sünde genügend Antikörper hervorgebracht hat, wird das Universum immun sein gegen jede erneute Auflehnung gegen Gott."[15]

„Das klingt ganz schön phantastisch."

„Ja, aber ich vertraue darauf, dass Gott mit seiner Art des Vorgehens dieses Ziel erreichen wird. Und im Grunde bin ich Luzifer sogar dankbar, dass *er* diesen Aufruhr angefangen hat."

„Wieso das?", fragte sie erstaunt. „Das klingt ziemlich zynisch."

„Mag sein", antwortete ich, „Aber weil er das höchste erschaffene Wesen ist, wird niemand je auf die Idee kommen, er sei zu dumm gewesen, um diese Rebellion erfolgreich zum Ziel zu führen."

„Dafür nehmen Sie aber viel in Kauf, auch wenn es uns die Gewissheit geben sollte, dass das Ganze nicht noch einmal passiert."

„Der Preis ist hoch. Aber nachdem Luzifer seine Erhebung begonnen hatte, konnte Gott nicht anders vorgehen, wenn er nicht alle Geschöpfe verlieren wollte."

Sie sah mich nachdenklich an. Nach einer kleinen Pause fragte sie: „Wann soll denn dieser Aufruhr stattgefunden haben?"

„Das sagt uns die Bibel nicht. Das muss aber einige Zeit vor dem Sündenfall unserer Voreltern Adam und Eva gewesen sein."

„Dazu habe ich auch noch einige Fragen."

---

[15] Nahum 1,8.9

„Das sprachen Sie ja vorhin schon an."

In diesem Augenblick wurde uns das Abendessen serviert.

„Jetzt tut uns eine kleine Pause sicher gut", meinte ich.

„Das finde ich auch. Ich heiße übrigens Margot Naumann",[16] sagte meine Nachbarin und gab mir die Hand.

Ich entschuldigte mich, dass ich mich noch nicht vorgestellt hatte, und holte es nun nach. Dann aßen wir schweigend unsere Pasta.

4

Gibt es Ufos?
Verführungen durch Satans Engel

Wir flogen in die Nacht hinein. Der Himmel hatte sich blassorange verfärbt. Eine Weile blickten wir hinaus. Unter uns lag Neufundland.

„Was mich am Fliegen immer wieder begeistert", sagte ich zu Frau Naumann, „ist die Tatsache, dass über den Wolken am Tage immer die Sonne scheint – ganz gleich, wie grau der Himmel beim Abflug ist. Das mache ich mir manchmal bewusst, wenn ich an trüben Tagen niedergeschlagen bin: Eigentlich scheint ja die Sonne, auch wenn ich sie nicht sehe. Für mich ist das ein gutes Bild für die Liebe und Nähe Gottes."

„Ja, über den Wolken ist es immer schön", sagte meine Gesprächspartnerin etwas in Gedanken versunken. „Und vieles sieht von hier oben so klein und

---

[16] Der Name ist geändert.

unwichtig aus. – Sehen Sie mal da drüben, das Licht. Das sieht aus wie ein Ufo." Sie schmunzelte und zeigte auf ein Flugzeug mit weißem Blinklicht, das durch die letzten Strahlen der Sonne beleuchtet wurde. Es flog in einiger Entfernung neben uns her.

„Wie denken Sie über Ufos?", fragte sie plötzlich. „Fliegende Untertassen – gibt es die? Kann es sein, dass wir Besuch von anderen Planeten bekommen, oder sind Ufos nur Sinnestäuschungen?"

„Gerade vor einigen Wochen habe ich einen Bericht über den Stand der Forschung auf diesem Gebiet gesehen", erzählte ich. „Es scheinen inzwischen auch seriöse Wissenschaftler überzeugt zu sein, dass manche Sichtungen von Ufos nicht eingebildet sind."

„Aber es gibt doch auch immer irgendeine natürliche Erklärung dafür. Mal ist es das Nordlicht, mal ein Satellit oder ein Gasballon."

„Ein großer Prozentsatz der Sichtungen ist sicher natürlich zu erklären. Aber einige können nicht wissenschaftlich erklärt werden – gut dokumentierte Fälle, bei denen Piloten, Wissenschaftler oder Polizisten Objekte gesehen haben, die nicht in unser Weltbild passen. Man hat sogar eindeutige Abdrücke und Verbrennungen auf dem Boden gefunden und untersucht, die offenbar mit Ufos in Verbindung standen."

„Das heißt also: Sie glauben auch, dass es außerirdische Wesen gibt?"

„Ja, aber nicht im Sinne von ‚Marsmenschen' oder was man in manchen Science-Fiction-Filmen sieht. Ich denke, dass einige der Ufo-Sichtungen keine Sinnestäuschungen sind und die Besucher tatsächlich nicht von dieser Welt stammen. Nach der Bibel sind auch die Engel gewissermaßen Außerirdische. Aber sie sind nicht darauf angewiesen, mit irgendwelchen Fluggeräten umherzureisen. Sie können unsichtbar sein oder auch eine sichtbare Gestalt annehmen."

31

„Wenn sie nicht auf Fluggeräte angewiesen sind, worin besteht dann der Bezug zu den Ufos?" Sie runzelte die Stirn.

„Möglicherweise sind das die Engel, die sich Satan angeschlossen haben, die Dämonen", erklärte ich. „Sie haben wie die loyalen Engel besondere Fähigkeiten und können Dinge tun, die wir uns nicht erklären können."

„Das verstehe ich aber nicht: Wenn sich die bösen Engel auch unsichtbar machen können und keine technischen Hilfsmittel benötigen, warum sollten sie dann in Ufos zu uns kommen?"

„Die Heilige Schrift zeigt uns, dass die bösen Mächte ein großes Interesse daran haben, uns zu täuschen und zu verführen, um uns von Gott abzubringen und uns ins Verderben zu stürzen.[17] Daher kann ich mir vorstellen, dass Dämonen hinter manchen Ufo-Erscheinungen stecken."

Sie sah mich zweifelnd an.

„Als ich noch ein Kind war – ich muss 12 oder 13 gewesen sein", erzählte ich, „waren meine Eltern mit einem älteren Herrn befreundet. Er hieß Arfst Newton Arfsten und lebte auf der Nordseeinsel Föhr. Dort hatten sie ihn im Urlaub kennengelernt. Als er noch berufstätig war, arbeitete er in Kiel und New York als Dozent für Atomphysik. Er war ein nüchtern denkender Naturwissenschaftler. In New York geriet er in Kreise, die sich mit Spiritismus und Telepathie befassten. Für ihn waren das alles nur Tricks oder Sinnestäuschungen, eben Humbug."

„So sehe ich das auch", warf Frau Naumann ein.

„Deshalb wollte er seine Freunde entlarven", fuhr ich fort. „Um ihren Tricks auf die Schliche zu kommen, nahm er an ihren spiritistischen Sitzungen teil."

---

[17] 2. Thessalonicher 2,9.10

„Was meinen Sie damit?"

„Solche Versammlungen, bei denen die Anwesenden mit den vermeintlichen Geistern Verstorbener Kontakt aufnehmen und mit ihnen kommunizieren."

„Ja, davon habe ich schon gehört. Sind das denn nicht die Seelen Verstorbener?"

„Nein, sicher nicht", antwortete ich. „Ich würde Ihnen das gern nachher im Zusammenhang mit Adam und Eva begründen. Die Bibel zeigt uns, dass bei diesen Totenerscheinungen Dämonen am Werk sind."

„Gut, ich nehme das mal so hin und gedulde mich einen Moment", sagte sie etwas widerstrebend. „Was hat also dieser Atomphysiker mit dem unaussprechlichen Namen erlebt?"

„Einmal bewegte sich ein Tisch, um den er sich mit einer Hand voll Männer versammelt hatte, und begann mit einem der Beine, an dem ein Schreibgerät befestigt war, eine Botschaft zu schreiben. Er versicherte uns, dass es garantiert keine menschliche Manipulation gegeben hatte. Ein anderes Mal erschien eine Gestalt aus dem Nichts und gab vor, der verstorbene Onkel eines Anwesenden zu sein. Ihm wurden Fragen gestellt, deren Antworten nur der Verstorbene und der anwesende Verwandte kannten."

„Und was hat Ihr Bekannter dazu gesagt?", wollte meine Nachbarin wissen und rutschte dabei auf die Kante ihres Sitzes.

„Sein Weltbild wurde durch diese Erlebnisse dermaßen verändert, dass er fortan von der Realität des Übernatürlichen überzeugt war. Er glaubte an die Existenz außerirdischer Wesen und an ein Jenseits."

„Und was hatte er mit Ufos zu tun?"

„Einmal erzählte uns Herr Arfsten eine Ufo-Geschichte. Es ging dabei um eine Begegnung mit Außerirdischen. Ein junger Mann war in Schweden

Zeuge einer nächtlichen Ufo-Landung geworden. Er wurde in das Flugobjekt geleitet, verlor dann aber das Bewusstsein. Als er wieder zu sich kam, befand er sich mitten in einer spiritistischen Sitzung in Kanada."

„Wie konnte das sein?" Frau Naumann sah mich ungläubig an.

„Das kann ich Ihnen auch nicht erklären. Doch die Geschichte scheint mir glaubwürdig zu sein, weil ich Herrn Arfsten kannte. Und die Verbindung zwischen den Ufos und dem Spiritismus überrascht mich nicht. Die Dämonen scheinen sich geradezu einen Spaß daraus zu machen, uns zu verführen. Da sie jede Art Gestalt annehmen können, ist es für sie leicht, uns etwas vorzutäuschen – so auch die Existenz Außerirdischer oder die verstorbener Verwandter. Das tun sie offenbar besonders gern. Satan untermauert damit seine uralte Lüge, die er bereits Eva gegenüber ausgesprochen hat: Der Mensch sei trotz seines Ungehorsams Gott gegenüber unsterblich."

Meine Sitznachbarin sah mich fragend an. „Das mit dem Tod müssen Sie mir näher erklären. Sie hatten ja versprochen, darauf zurückzukommen."

„Das tue ich gern."

5

Erde, Odem und Seele
Die Erschaffung der ersten Menschen

„Bereits im Schöpfungsbericht bekommen wir Aufschluss über die Natur des Menschen", erklärte ich. „Dort heißt es, dass Gott den Menschen ‚aus Erde vom Acker' bildete.[18] Das bedeutet: Die Elemente, aus denen wir bestehen, kommen überall auf der Erde vor, aber Gott ordnete sie in besonderer Weise an. Der Aufbau vieler lebenswichtiger Eiweißmoleküle ist den Wissenschaftlern ja auch heute noch ein Rätsel.

In der Bibel heißt es dann weiter, dass Gott dem ersten Menschen den ‚Odem des Lebens' einblies."[19]

„Das heißt, er hat ihm eine Seele gegeben, nicht wahr?"

„Nicht ganz", sagte ich, um ein hartes Nein zu vermeiden. „Der Bericht fährt nämlich fort: ‚Der Mensch *wurde* eine lebendige Seele.'"[20]

„Also hat er doch eine Seele!"

„Hier kommt es sehr genau auf die Formulierung an: Die Bibel sagt nicht, dass er eine Seele *bekam*, sondern eine ‚lebendige Seele *wurde*'. Der ganze Mensch wird in der Bibel als eine Seele bezeichnet. Früher sagte man ja auch: ‚In dem Dorf wohnen 200 Seelen' und meinte ganz normale Menschen.

Die Ansicht, dass der Mensch aus Körper und Seele *besteht* und die Seele nach dem Tode den Körper wieder verlässt und ewig weiterlebt, stammt aus der ägyptischen Mythologie und der griechischen Philosophie. In der Bibel steht davon nichts."

---

[18] 1. Mose 2,7
[19] Ebenda
[20] 1. Mose 2,7 EB

„Und was ist der Odem? Ist das nicht ein anderes Wort für Seele?"

„Der Odem bewirkt das Leben, daher heißt er ‚Odem des Lebens'. Das ist die Lebenskraft, die eine ‚lebendige Seele' von einer ‚toten Seele' unterscheidet. Damit wird im Alten Testament ein Leichnam bezeichnet.[21]

Vielleicht kann man diesen ‚Odem' am besten mit elektrischem Strom vergleichen. Durch ihn wurde der Körper, den Gott geschaffen hatte, erst lebendig. Dasselbe Wort wird in der Bibel deshalb auch für den Atem benutzt."[22]

„Und was hat das mit dem Tod zu tun?"

„Ein verstorbener Mensch ist wirklich tot, nicht nur ohne Atem, sondern auch ohne jegliches Bewusstsein. Er hat keinen Anteil mehr an dem, was hier auf der Erde geschieht, sagt die Bibel ausdrücklich.[23] Daher können Tote auch weder erscheinen noch uns Auskünfte geben. Und deshalb bin ich mir so sicher, dass hinter den spiritistischen Erscheinungen böse Geister stecken, die uns glauben machen wollen, dass die Verstorbenen nicht wirklich tot sind."

„Ist es denn falsch, was viele Menschen glauben: Dass nämlich die Seelen der Verstorbenen in den Himmel aufsteigen?", fragte sie etwas verwirrt.

„In der Bibel steht jedenfalls nichts davon", antwortete ich. „Diese Lehre ist erst später in das Christentum eingegangen."

„Ihre Bibelgläubigkeit rührt mich", sagte sie mit ironischem Unterton. „Wie stellen Sie sich das denn praktisch vor, dass Gott aus Erde einen Menschen gemacht hat? Das kann man doch heute nicht mehr

---

[21] 4. Mose 6,6 EB Anm.
[22] 1. Mose 2,7 EB; Jesaja 42,5 EB
[23] Prediger 9,5.6

ernsthaft glauben mit all unserem Wissen!" Sie schüttelte zur Bekräftigung den Kopf.

„Der biblische Bericht benutzt natürlich menschliche Ausdrucksweisen und Bilder. Aber in seinen Grundaussagen über die Erschaffung der Menschen steht er durchaus in Übereinstimmung mit unseren modernen naturwissenschaftlichen Erkenntnissen", sagte ich. „Wenn es Sie interessiert, erkläre ich es Ihnen kurz. Wir kommen dann gleich auf die ersten Menschen zurück."

„Da bin ich aber gespannt, wie Sie mir das nun wieder klarmachen wollen." Frau Naumann sah mich dabei etwas spöttisch an. „Ich bin wirklich neugierig. Nur zu!"

„Da der Schöpfungsbericht vor über 3000 Jahren geschrieben wurde, benutzt er natürlich nicht unsere heutigen wissenschaftlichen Ausdrücke", begann ich. „Wenn Gott den ersten Menschen aus ‚Staub vom Erdboden bildete',[24] bedeutet das, dass er Elemente nahm, die überall vorkommen, und sie in eine neue, höhere Ordnung brachte. Modern ausgedrückt: Er steckte Information in Materie hinein.

Inzwischen haben Naturwissenschaftler unsere Erbanlagen weitgehend erforscht. Die gespeicherte Informationsmenge in den Genen ist enorm. Sie ist weitaus größer als die Datenmenge, die in einer 24-bändigen Brockhaus-Enzyklopädie steckt. Es gelang Gott, das alles in den DNS-Molekülen unserer Chromosome zu speichern. Sie sind winzig klein."

„Und?", warf sie herausfordernd ein.

„Die moderne Informationswissenschaft, die in Zusammenhang mit der Computertechnologie entwickelt wurde, lehrt uns, dass weder die Materie noch die Zeit Information hervorbringen kann. Informatio-

---

[24] 1. Mose 2,7 EB

nen werden zwar immer irgendwie auf materiellen Trägern gespeichert, zum Beispiel durch Buchstaben auf Zeitungs- oder Buchseiten, Magnetisierungen auf Videobändern oder digital auf DVDs. Aber *nur* Information kann Information hervorbringen – weder die Materie noch die Zeit kann das. Ich möchte das mit zwei Beispielen veranschaulichen.

Am Sandstrand werden die Wellen ein Muster hinterlassen, aber nie ein Wort schreiben – egal wie lange wir warten. Wenn wir jedoch eine Flaschenpost am Strand finden, sind wir uns zu Recht sicher, dass jemand mit Intelligenz die Botschaft darin geschrieben hat. Sie ist nicht dadurch entstanden, dass die Flasche lange auf dem Meer getrieben ist.

Und wenn wir einen Affen an einen Computer setzen, wird er zwar ab und zu so auf die Tasten tippen, dass ein verständliches Wort entsteht, vielleicht gar ein kurzer Satz, aber er wird nie eine wissenschaftliche Abhandlung oder einen Roman schreiben, egal wie lange wir ihn am Computer sitzen lassen. Wenn wir etwas Tiefgründiges lesen, sind wir uns sicher, dass das jemand mit Intelligenz geschrieben hat."

„Aber was hat das mit dem biblischen Bericht zu tun?"

„Die heute gängige wissenschaftliche Ansicht der Evolutionstheorie ist, dass alle Lebewesen und die Menschen sich in Jahrmilliarden aus ursprünglich unbelebter Materie entwickelt haben. Es wird also behauptet, dass die Materie und viel Zeit eine ungeheure Informationsmenge hervorgebracht haben. Das ist jedoch gemäß der Informationswissenschaft unmöglich, denn nur Information kann Information hervorbringen, und die Quelle der Information muss mehr Information besitzen, als sie weitergeben kann.

Durch Zufall kann die Informationsmenge in den Chromosomen auf keinen Fall entstanden sein.

Wissenschaftler haben ausgerechnet, dass die Wahrscheinlichkeit dafür weitaus geringer ist, als wenn man eine altmodische Schriftsetzerei in die Luft sprengen würde und die Lettern so auf die Erde fallen würden, dass man mit ihnen ein vollständiges Wörterbuch drucken könnte, ohne dass es Fehler enthält.[25]

Wenn in den Erbanlagen des Menschen eine riesige Informationsmenge gespeichert ist, muss die Quelle, aus der sie stammt, noch mehr Information besitzen. Und da diese Quelle durch die Information eine Person hervorbringt, muss sie logischerweise selbst eine Person sein. Solch eine Person, die mehr Information besitzt als alle Menschen zusammen, bezeichnen wir per Definition als Gott.

Und genau das sagt auch der biblische Bericht: Gott hat in gewöhnliche Materie, in Elemente, die sich auch im Erdboden befinden, eine solche Ordnung hineingebracht, dass ein menschlicher Körper entstand. Diesem hat er dann Lebenskraft verliehen, damit er lebendig wurde."

Während meiner Erklärungen war der herausfordernde Ausdruck in ihrem Gesicht verflogen. Nun sah sie fast bestürzt aus.

„Überrascht Sie das?", fragte ich.

„Das klingt in sich schlüssig", bemerkte sie kurz. „Und wie ging es nach Aussage der Bibel mit den Menschen weiter?"

---

[25] Zitat von Prof. Conklin bei Werner Gitt, *Logos oder Chaos*, Hänssler-Verlag, Neuhausen 1980ff., S. 152.

6

Ein Verbot im Paradies
Menschliche Freiheit und der Tod

„Gott schuf einen Garten, das Paradies, in dem die Menschen leben konnten. Sie sollten sich vermehren und die ganze Erde in solch ein Paradies verwandeln."

„Dort war doch auch der Baum der Erkenntnis, dessen Frucht die Menschen nicht essen sollten. Warum eigentlich nicht? Das wollte ich schon immer wissen. War das nicht eine Einschränkung ihrer Freiheit?"

„So scheint es auf den ersten Blick. Aber dahinter steckt viel mehr. Die Antwort auf die Frage, warum das Essen dieser Frucht verboten war, ist sehr wichtig, um Gott zu verstehen und die Misere, in der wir Menschen heute stecken.

Zunächst berichtet die Heilige Schrift von vielen Bäumen im Paradies, deren Früchte wunderbar schmeckten und die Adam und Eva nach freier Wahl essen durften.[26] Mitten im Garten gab es den ‚Baum des Lebens'.[27] Seine Früchte dienten dazu, jegliche Alterung und Krankheit beim Menschen zu verhindern. Sie waren so etwas wie die Pille der Unsterblichkeit, von der Wissenschaftler heute träumen. Von diesem Baum mussten die Menschen essen, um ewig leben zu können. Nur von dem ‚Baum der Erkenntnis' durften sie nicht essen.[28]

Wahrscheinlich sahen die Früchte beider Bäume ähnlich und sehr anziehend aus. Auf welcher Grundlage sollten die ersten Menschen also handeln?"

---

[26] 1. Mose 2,16
[27] 1. Mose 2,9
[28] 1. Mose 2,17

„Wie meinen Sie das?"

„Wenn Ihre Mutter früher zu Ihnen gesagt hat: ‚Mach dies, aber lass das!', was erwartete sie dann von Ihnen?"

„Gehorsam."

„Ja – aber auf welcher Grundlage?"

„Dass ich ihr vertraue."

„Auch die ersten Menschen sollten also auf der Grundlage des Vertrauens in Gott handeln – einem Vertrauen, das zum Gehorsam führt. Das Vertrauen war notwendig, obwohl sie Gott sahen und mit ihm reden konnten. Aber er hat keinen Zwang ausgeübt. Sie konnten frei entscheiden, was sie taten."

„Das ist aber eine merkwürdige Art von Freiheit", wandte meine Gesprächspartnerin ein. „Wenn ich sie nutze, wird sie mit dem Tode bestraft!"

„Nicht ganz. Es ist eher wie mit der Freiheit, von einem Hochhaus springen zu können. Wenn Sie unten ankommen, sterben Sie. Ist das eine Strafe?"

„Sie haben vielleicht merkwürdige Vergleiche!"

„Nehmen wir ein anderes Beispiel. Wahrscheinlich mussten auch Sie Ihrem Sohn beibringen, keine heiße Herdplatte anzufassen."

„Ja sicher, sonst hätte er sich verbrannt."

„Wie haben Sie ihm das beigebracht?"

„Ich habe ihm Schläge angedroht."

„Warum taten Sie das?"

„Weil er noch nicht verstand, was es heißt, sich die Finger zu verbrennen."

„Was ist denn der Unterschied, ob Sie zu ihm sagen ‚Wenn du die Herdplatte anfasst, verbrennst du dich' oder ‚Wenn du die Herdplatte anfasst, bekommst du Schläge'?"

„Das eine ist eine bloße Ankündigung, das andere eine Androhung."

„Was kündigen Sie denn an?"

„Klar doch: Was passieren wird."

„Also eine *Folge* der Handlung, genau genommen: eine Folge, die Sie nicht verhindern konnten – es sei denn, Sie wären immer schnell genug, um die Hand Ihres Sohnes einen Zentimeter über der Herdplatte noch zu erwischen."

„Das hätte ich sicher nicht geschafft."

„Im einen Fall kündigen Sie also eine unabwendbare Folge an, im anderen Fall eine willkürliche Strafe, denn Sie könnten die Schläge ja auch unterlassen. Womit ist Gottes Ankündigung vergleichbar, als er Adam und Eva sagte, sie würden sterben, wenn sie von dem ‚Baum der Erkenntnis‘ essen?"

„Worauf wollen Sie hinaus?"

„Wir gehen davon aus, dass Gott den Menschen das Leben gegeben hat", erklärte ich. „Er ist die Quelle des Lebens und erhält es durch den ‚Odem des Lebens‘.[29] Was passiert aber, wenn wir uns von Gott abwenden?"

„Ich verstehe immer noch nicht, worauf Sie hinauswollen."

„Wenn Sie nachts im Zimmer das Licht ausschalten, was bleibt dann zurück?"

„Dunkelheit natürlich!"

„Gibt es in Ihrer Wohnung einen Schalter für Dunkelheit?"

„Natürlich nicht, ich habe nur Lichtschalter, keine ‚Dunkelheitsschalter‘." Sie lachte.

„Die habe ich natürlich auch nicht", sagte ich mit einem Schmunzeln. „Wenn das Licht erlischt, bleibt nur die Dunkelheit. Was bleibt, wenn wir uns von der Quelle des Lebens trennen?"

„Letztlich der Tod", antwortete sie langsam.

---

[29] Psalm 36,10; 104,29

„Ja, das kann selbst Gott nicht verhindern, denn Leben gibt es nur bei ihm. Gott hat also Adam und Eva keine willkürliche Strafe angedroht, sondern lediglich die unausweichliche Folge angekündigt, die selbst er nicht verhindern konnte."

„Doch", widersprach sie, „er hätte ja nicht den ,Baum der Erkenntnis' in das Paradies setzen müssen! Und außerdem wussten sie ja gar nicht, was der Tod bedeutet!"

„Wusste Ihr kleiner Sohn zu Beginn, was es heißt, sich die Finger zu verbrennen?"

„Natürlich nicht. Er hat es später aber einmal schmerzhaft erfahren."

„Auf welcher Grundlage sollte Ihr Sohn das tun, was Sie sagten?"

„Er sollte mir vertrauen."

„Haben Sie ihm Anlass gegeben, Ihnen zu misstrauen?"

„Das habe ich bewusst vermieden."

„Auch Gott hat Adam und Eva bestimmt keinen Grund gegeben, ihm zu misstrauen, andererseits aber viele Gründe, ihn zu lieben. Und wenn ich jemanden liebe, tue ich gern, was ihm gefällt bzw. worum er mich bittet oder wozu er mich auffordert."

„Aber sicherer wäre es doch gewesen, wenn es diesen ,Baum der Erkenntnis' gar nicht gegeben hätte!", meinte Frau Naumann.

„Da haben Sie natürlich Recht. Wollte Gott also mit diesem Baum unsere Voreltern nur ärgern oder prüfen? Oder steckt noch etwas anderes dahinter?"

„Nur raus damit."

„Ja, aber Sie können das selbst schlussfolgern, wenn Sie den großen Rahmen berücksichtigen, nämlich die Auseinandersetzung zwischen Gott und Satan. Wir haben vorhin unter anderem zwei Gegebenheiten festgestellt: Alle Engel im Himmel mussten sich entscheiden, ob sie Gott vertrauen und ihm treu bleiben wollten oder nicht. Und: Gott muss auch gegenüber Satan fair bleiben. Daraus ergeben sich zwangsläufig Konsequenzen in Bezug darauf, wie Gott mit all seinen intelligenten Geschöpfen umgehen muss, wenn er fair und gerecht bleibt."

„Sie meinen, alle mussten eine Entscheidung treffen können, ob sie Gott treu bleiben? War der ‚Baum der Erkenntnis' also eine Art Test, um festzustellen, auf welche Seite sich Adam und Eva schlagen?"

„Ja. Es war aber auch ein Gebot der Fairness und Gerechtigkeit gegenüber Satan, dass die Menschen sich entscheiden konnten, auf der Seite Gottes zu bleiben oder sich auf Satans Seite zu stellen. Dazu diente Gottes Verbot, von dem ‚Baum der Erkenntnis' zu essen."

„Eine ganz schön ausgeklügelte Sache. Davon habe ich im Religionsunterricht nie etwas gehört. Schade eigentlich."

„Aber Gott verfolgte damit noch weitergehende Absichten. Durch diesen Baum rief er den ersten Menschen immer wieder in Erinnerung, dass *er* der Eigentümer des Gartens und der ganzen Erde war und sie nur seine Verwalter.[30] Alles gehörte Gott, ihnen nichts. So wollte er ihnen die Grenzen bewusst machen und damit verhindern, dass in ihnen Selbstsucht aufkam, mit der ja die Rebellion Satans angefangen hatte."

„Das leuchtet mir ein."

„Und noch etwas: Adam und Eva waren zwar mit vollkommenen Anlagen geschaffen worden, aber nicht mit einem fertig entwickelten Charakter. Damit unser Charakter sich bilden kann, müssen wir moralische Entscheidungen treffen. Das sind Entscheidungen, bei denen es nicht darum geht, ob ich eine

---

[30] 1. Mose 2,15

Orange, eine Birne oder eine Banane esse, sondern Entscheidungen zwischen Gut und Böse, zwischen Recht und Unrecht.

Mit dem ‚Baum der Erkenntnis' gab Gott den Menschen die Möglichkeit, solche Entscheidungen zu treffen. Im Laufe der Zeit konnten sie auf diese Weise charakterlich wachsen – ohne zu sündigen –, bis das Böse keinerlei Anreiz mehr für sie bot."

„Das wäre tatsächlich möglich gewesen?"

„Bestimmt. Zum einen war es also notwendig, dass die Menschen ebenso auf die Probe gestellt wurden wie alle intelligenten Geschöpfe im Universum, zum anderen hatte dieser Baum auch wesentliche positive Funktionen für die Menschen", fasste ich noch einmal zusammen, weil mir das wichtig war.

„So ganz verstehe ich das mit den moralischen Entscheidungen noch nicht", sagte sie etwas zögerlich.

Ich suchte nach einem Beispiel. Nach einigen Sekunden fiel mir eins ein. „Sie erzählten mir vorhin, dass Sie einen Sohn haben", begann ich.

„Ja, er ist jetzt 39. Warum?"

„Nehmen wir einmal an: Wir drehen die Zeit zurück. Ihr Sohn ist erst sechs Jahre alt. Sie lieben ihn sehr und möchten nicht, dass er in schlechte Gesellschaft gerät und drogenabhängig wird. Um das zu verhindern, darf er die Wohnung oder das Haus bis zu seinem 25. Lebensjahr nicht verlassen. Sie unterrichten ihn zu Hause, untersagen ihm jeglichen Kontakt zu Gleichaltrigen und stellen auch sicher, dass er nie fernsieht. Was passiert, wenn er 25 ist und in die reale Welt entlassen wird?"

„Er wäre absolut lebensuntüchtig."

„Würde er nicht viel eher auf Abwege kommen, weil er zu wenig geübt ist, moralische Entscheidungen zu treffen und zwischen Gut und Böse zu unterscheiden?"

„Ja, sicher."

„Und würde er Ihnen nicht vorwerfen, Sie hätten ihn manipuliert und seien ein Tyrann, weil er sich nie frei entscheiden durfte? Hätten Ihnen Ihre Verwandten und die Behörden nicht den gleichen Vorwurf gemacht?"

„Sie hätten mir wahrscheinlich das Sorgerecht entzogen."

„Eigentlich hat es Gott den ersten Menschen so einfach wie möglich gemacht. Es gab unzählige Bäume im Garten, von denen sie jederzeit nach Lust und Laune essen konnten. Ich hätte gern das Obst probiert, das es damals im Paradies gab. Manchmal bekomme ich eine Ahnung davon, wenn ich in südlichen Ländern reifes Obst esse. Auf die Früchte vom ‚Baum der Erkenntnis' waren Adam und Eva überhaupt nicht angewiesen – im Gegensatz zu den Früchten vom ‚Baum des Lebens', von denen sie essen sollten und mussten."

„Aber ich verstehe nicht, warum gerade der ‚Baum der Erkenntnis' verboten war? Erkenntnis ist doch etwas Gutes. Wollte Gott denn nicht, dass die Menschen lernen und weiser werden?"

„Doch, doch. Es ging ja nicht grundsätzlich um mehr Wissen, sondern um eine ganz spezielle Erkenntnis. Der Baum wird in der Heiligen Schrift immer ‚der Baum der Erkenntnis des Guten und Bösen' genannt.[31] Außerdem hat Erkenntnis in der Bibel immer auch mit Erfahrung zu tun. Durch das Essen der Frucht würden sie kein zusätzliches Wissen erlangen, sondern am eigenen Leibe erfahren, was Gut und Böse ist. Diese Erfahrung hätte Gott ihnen gern erspart."

„Das hat er aber offensichtlich nicht geschafft."

---

[31] 1. Mose 2,9.17

„Leider. Vielmehr ist es Satan gelungen, die Menschen zum Essen der Frucht zu verführen."

„Wie hat er das denn geschafft?"

„Die Bibel berichtet, dass eine Schlange Eva am ‚Baum der Erkenntnis' ansprach und fragte, ob Gott ihnen nicht verboten hätte, von allen Bäumen im Garten zu essen."[32]

„Ach – die Geschichte mit der Schlange! Da zeigt sich doch ganz deutlich, dass die Bibel Märchen enthält. Eine sprechende Schlange – wo gibt es denn so etwas?"

„Ja, das ist tatsächlich merkwürdig. Hier stehen wir wieder einmal an einer wichtigen Weichenstellung: Entweder tun wir die Bibel als unglaubwürdig ab, weil so komische Dinge darin stehen, oder wir forschen tiefer nach, strengen unseren Verstand an und entdecken ganz wichtige Wahrheiten für uns heute. Was möchten Sie jetzt?"

„Dumme Frage, Sie haben doch längst gemerkt, dass ich Interesse daran habe."

„Entschuldigen Sie bitte, ich habe mich falsch ausgedrückt. Ich wollte Sie fragen, ob wir fortfahren sollen oder ob Sie lieber eine Pause machen und schlafen möchten."

„An Schlaf ist gar nicht zu denken. Durch das Gespräch ist bei mir eine Menge Adrenalin ausgeschüttet worden. Ich bin hellwach. Aber etwas zu trinken könnte ich gebrauchen", meinte Frau Naumann, denn gerade in dem Moment kam wieder eine der Flugbegleiterinnen mit Wasser und Orangensaft vorbei. Wir griffen beide nach einem Becher.

---

[32] 1. Mose 3,1

7

Die verpatzte Prüfung
Der Sündenfall und seine Folgen

„Nun schießen Sie mal los", nahm sie das Gespräch wieder auf. „Ich bin gespannt, was Sie nun wieder aus dieser Märchengeschichte machen."

„Darum geht es gar nicht. Und ich bin sicher, dass Sie mit ein paar Gedankenanstößen selbst die wichtigen Wahrheiten herausfinden können."

„Dann versuchen Sie mal, mir das nahezubringen."

Nun war ich mir sicher, dass wir mit der schwierigen Materie fortfahren konnten. Ich wollte ihr gern noch einiges erzählen. Und es waren ja längst noch nicht alle Fragen geklärt, die sie zu Beginn aufgeworfen hatte.

„Es ist klar, dass Satan Eva verführte.[33] Wo war er denn in dieser Geschichte?"

„Wohl in der Schlange."

„Was hat er also gemacht?"

„Sich verkleidet oder getarnt."

„Wir könnten auch sagen: Er hat ein Werkzeug oder ein Medium benutzt. Und dann sprach diese Schlange. Was ist das?"

„Ein Märchen, das sagte ich doch schon."

„Und wenn es tatsächlich passiert ist?"

„Dann wäre es ein Wunder."

„Genau. Und was hat die Schlange mit ihrer Aussage bewirken wollen?"

„Ich weiß nicht, was die Schlange sagte."

---

[33] Offenbarung 12,9

„Jetzt würde es uns helfen, die Stelle in der Heiligen Schrift nachzulesen. Ich habe auf Reisen immer eine Taschenbibel dabei. Ich lese nämlich gern darin, weil es mir viel gibt. Einen Moment bitte."

Ich nahm die Bibel aus meinem Aktenkoffer im Gepäckfach über uns und schlug die ersten Seiten auf.

„Hier, in 1. Mose Kapitel 3 wird die Geschichte berichtet. Da steht in Vers 1: ‚Die Schlange ... sprach zu der Frau: Ja, sollte Gott gesagt haben: Ihr sollt nicht essen von allen Bäumen im Garten?' Sehen Sie, vorher steht, dass Gott gesagt hat: ‚Du darfst essen von allen Bäumen im Garten.'[34] Was hat Satan damit also gesät?"

„Was fragen Sie eigentlich immer so merkwürdig? Ich krieg' schon mit, was gemeint ist: dass sie Zweifel gesät hat."

„Es tut mir Leid", sagte ich. „Ich wollte nur sicherstellen, dass wir gedanklich am selben Punkt sind.

Damals hat Satan dieselbe Taktik benutzt, die er noch heute oft einsetzt. Erstens kommt er nie persönlich, sondern benutzt immer ein Werkzeug, meistens andere Menschen. Zweitens wirkt er Wunder, um unsere Aufmerksamkeit zu erregen. Die angeblichen Totenerscheinungen in spiritistischen Sitzungen sind ein Beispiel. Drittens zieht er Gottes Wort in Zweifel und sät Misstrauen. Und viertens ist es immer sein Ziel, uns zum Ungehorsam gegenüber Gottes Geboten zu verführen und uns auf seine Seite zu ziehen. So gesehen stecken in dieser scheinbar märchenhaften Geschichte ganz wichtige Wahrheiten für uns heute."

„Das klingt durchaus einleuchtend."

„Hier lesen wir auch, wie Satan versuchte, Eva zur Sünde zu verführen: ‚Da sprach die Schlange zum Weibe: Ihr werdet keineswegs des Todes sterben, son-

---

[34] 1. Mose 2,16

dern Gott weiß: an dem Tage, an dem ihr davon esst, werden eure Augen aufgetan, und ihr werdet sein wie Gott und wissen was gut und böse ist.'[35] Sind das nicht reizvolle Versprechen: Unsterblichkeit, größeres Wissen und wie Gott sein? Kommt Ihnen das Letzte bekannt vor?"

„Was meinen Sie damit?"

„Ich hatte Ihnen vorhin erzählt, dass Luzifer wie Gott sein wollte. Nun versuchte er, den Menschen seine eigene Motivation unterzuschieben."

„Offensichtlich mit Erfolg."

„Jetzt kommt ein wichtiger Punkt. In dieser Ausgabe der Lutherbibel wird es dem Leser leicht gemacht, das zu erkennen, denn die Aussage Gottes und die Aussage der Schlange stehen direkt in den beiden Spalten oben nebeneinander: Gott sagte: ‚Wenn du isst, musst du des Todes sterben', die Schlange dagegen: ‚Ihr werdet keineswegs des Todes sterben.'[36] Plumper konnte die Lüge doch eigentlich nicht ausfallen. Aber manchmal sind die dreistesten Lügen die wirkungsvollsten."

„Im dreisten Lügen war mein Mann Weltmeister." Meine Gesprächspartnerin grinste. „Aber zurück zu Eva, dem Opfer und der Täterin."

„Ja. Vor welcher Entscheidung stand sie damals?"

„Wer hat Recht?"

„Und wie konnte sie das herausfinden?"

„Ausprobieren. Aber das war ja ihr Verderben."

„Eben. Ausprobieren sollte sie das ja gerade nicht. Also stand sie doch zunächst vor der Frage, wem sie vertrauen sollte: Gott oder der Schlange. Wieder spielt das Vertrauen die entscheidende Rolle. Worin bestand also die eigentliche Sünde Evas?"

---

[35] 1. Mose 3,4.5
[36] 1. Mose 2,17; 3,4

Sie überlegte eine Weile: „Das war ein Vertrauensbruch gegenüber Gott – und auch Egoismus. Aber Eva ist doch dann tatsächlich nicht sofort gestorben. Hat Satan nicht doch ein bisschen Recht gehabt?"

„Nicht nur ein bisschen. Sehen Sie sich die Versprechen der Schlange noch einmal an. Womit hatte sie tatsächlich Recht?"

Frau Naumann las noch einmal die Verse in meiner Bibel. „Ach ja, mit dem Wissen des Bösen – oder dessen Erfahrung, wie Sie sagten."

„Was war also die Taktik Satans?"

„Er mischte Wahrheit mit Lüge."

„Und das tut er bis heute – und zwar mit großem Erfolg."

„Ich fange langsam an zu begreifen, warum die Bibel für Sie ein so interessantes Buch ist."

„Es gibt hier noch einiges mehr zu entdecken, denn bei Adam war die Sache anders. Von ihm ist hier zunächst gar nicht die Rede. Er taucht erst anschließend auf und sah Eva mit der angebissenen Frucht in der Hand. Er hat wahrscheinlich bald begriffen, was das bedeutete. Vor welcher Entscheidung stand Adam nun?"

„Sollte er auch essen oder nicht? Ein schrecklicher Konflikt. Wenn er nicht aß, würde er Eva verlieren. Wenn er aß, würde er auch sterben müssen, aber zunächst Eva behalten. Der arme Adam." Meine Sitznachbarin lächelte verschmitzt.

„War es auf der tieferen Ebene nicht vor allem eine Frage der Liebe? Wen liebte Adam mehr: Gott oder Eva? Es ist natürlich richtig, seinen Ehepartner zu lieben, aber Sie kennen wahrscheinlich das größte Gebot, so wie Jesus es bezeichnet."

„Helfen Sie mir auf die Sprünge. Welches Gebot war das noch?"

„Das Gebot, Gott von ganzem Herzen, mit ganzer Seele, mit ganzem Verstand und allen Kräften zu lieben.[37] Das ist das größte Gebot. Dagegen hat sich Adam versündigt. Seine Sünde bestand also in mangelnder Liebe zu Gott. Die Übertretung des Verbotes, von der Frucht zu essen, war nur eine Folge davon.

Es ist interessant zu sehen, wer im Neuen Testament vor allem für die Misere verantwortlich gemacht wird, in die wir durch unsere urzeitlichen Voreltern gekommen sind. Wer trägt Ihrer Meinung nach mehr Verantwortung dafür?"

„Na, letztendlich die Schlange, aber dann ..." Sie überlegte einen Moment. „... wohl doch Eva."

„Adam wird genannt, denn er wurde nicht – wie Eva – verführt,[38] sondern sündigte bewusst, mit voller Absicht.

Die eigentliche Sünde der ersten Menschen bestand demnach in mangelndem Vertrauen und mangelnder Liebe zu Gott. Und Sie haben wahrscheinlich auch schon miterlebt oder beobachtet, was ein schwerwiegender Vertrauens- und Liebesbruch in einer Ehe bewirken kann."

„Ja, viele Ehen sind deswegen zerbrochen."

„Ist es für Sie verständlich, dass durch diesen Sündenfall, wie er meist genannt wird, das Verhältnis des Menschen zu Gott wirklich grundlegend zerbrochen ist?"

„Nein, noch nicht."

„Menschen sagen manchmal nach einem schwerwiegenden Zerwürfnis: ‚Die Person ist für mich gestorben.' Die Bibel nennt es den ‚geistlichen Tod', wenn ein Mensch keine Beziehung zu Gott hat. In diesem Sinne sind Adam und Eva tatsächlich gleich

---

[37] Markus 12,29.30 EB
[38] Römer 5,14; 1. Timotheus 2,14

gestorben, im körperlichen Sinne erst später. Damit sind wir bei den zwangsläufigen Folgen der zerbrochenen Beziehung zu Gott."

„Was wäre denn gewesen, wenn Adam und Eva nicht von dem Baum gegessen hätten? Dann hätten sie doch ihre Freiheit nicht genutzt."

„Das Beste wäre gewesen, sie hätten ihre Entscheidungsfreiheit genutzt, um Gott zu vertrauen und nicht vom ‚Baum der Erkenntnis‘ zu essen. Dann würden die Menschen noch heute im Paradies leben. Und es gäbe kein Misstrauen, keinen Streit, keine Kriege, keine Krankheit und keinen Tod.

Sehen wir uns die Folgen näher an, denn aus ihnen ergibt sich das weitere Vorgehen Gottes, um die Misere wieder zu beheben. Die Bibel berichtet, dass sich Adam und Eva vor Gott versteckten, als er sie im Paradies besuchte.[39] Angst war an die Stelle von Liebe getreten. Und als er sie auf ihr Vergehen ansprach, schob Adam die Schuld auf Eva und die ihre Schuld auf die Schlange. Interessant ist dabei die Formulierung Adams: ‚Die Frau, die *du* mir gegeben hast‘, sagte er zu Gott.[40] Auf wen schob Adam die Schuld also eigentlich ab?"

„Auf Gott."

„Das ist doch ganz typisch für uns heute: Wir schieben Gott die Schuld für das in die Schuhe, was wir selbst verbockt haben."

„Ich aber nicht, denn mir fehlt der Glaube an Gott."

Ich ging an dieser Stelle bewusst nicht auf diese Bemerkung von Frau Naumann ein. „Ich höre viele ungläubige Menschen argumentieren, wenn menschliches Versagen eine Katastrophe verursacht hat: ‚Warum hat Gott das nicht verhindert?‘

---

[39] 1. Mose 3,8.10
[40] 1. Mose 3,12.13 EB

Aber kehren wir zum Sündenfall zurück. Es gab – ohne dass irgendetwas Weiteres vorgefallen war – Uneinigkeit zwischen Adam und Eva. Daran erkennen wir, dass durch ihren Ungehorsam Gott gegenüber auch ihr Charakter und ihre Beziehung zueinander beeinträchtigt waren.

Dieser Ungehorsam bedeutete auch das Ende des paradiesischen Lebens. Arbeit verursachte nun Schweiß und Mühe. Schmerzen und Krankheiten traten auf.[41] Die Menschen waren von da an sterblich. Sie kennen sicher die Aussage Gottes, die oft auch auf Beerdigungen zitiert wird: ‚Du bist Erde und sollst zu Erde werden.'"[42]

Meine Gesprächspartnerin nickte.

„Adam und Eva wurden aus dem Paradies vertrieben, weil sie sich als untreue Verwalter erwiesen hatten. Ihnen wurde der weitere Zugang zum ‚Baum des Lebens' verwehrt.[43] Das war eigentlich eine barmherzige Maßnahme Gottes, denn sonst hätte es unsterbliche Sünder geben können.[44] Oder möchten Sie ewig in den Zuständen leben, die wir heute in der Welt haben?"

Meine Nachbarin runzelte die Stirn. Dann stand sie auf, kramte in ihrer Handtasche und setzte sich mit einer Packung Taschentücher in der Hand wieder hin. Sie schnäuzte sich.

---

[41] 1. Mose 3,16–18
[42] 1. Mose 3,19
[43] 1. Mose 3,23.24
[44] 1. Mose 3,22

8

Unsere zweite Chance
Die Notwendigkeiten im Erlösungsplan

Als sie damit fertig war, sah sie mich herausfordernd an: „Sagen Sie, ist es denn nicht ungerecht, dass wir alle für die Fehler von Adam und Eva büßen müssen und sterblich sind?"

„Gott ist der Schöpfer und damit die Quelle des Lebens", begann ich. „Durch ihren Ungehorsam haben sich die ersten Menschen von Gott getrennt[45] und damit selbst von dieser Quelle abgeschnitten. Unsere Vergänglichkeit ist eine zwangsläufige Folge dieser Trennung, denn Adam und Eva konnten natürlich an ihre Nachkommen nicht weitergeben, was sie selbst nicht besaßen: Unsterblichkeit. Aber sie haben ihre Neigung zur Sünde und auch ihre Schwächen an ihre Kinder vererbt. Das zeigte sich ja bereits bei ihrem ersten Sohn Kain, der eines Tages aus Neid seinen Bruder Abel umbrachte."[46]

„Wir sind ziemlich schlecht dran wegen Adam und Eva", konstatierte Frau Naumann.

„Selbstverständlich macht Gott uns *nicht* verantwortlich für die Erblasten, mit denen wir geboren werden, aber er konnte und kann nicht verhindern, dass wir unter den Folgen des Sündenfalls leiden, weil er das Gesetz von Ursache und Wirkung nicht einfach aufheben kann. Sonst könnten wir uns auf nichts mehr verlassen.

Stellen Sie sich vor, Gott würde plötzlich auf dem Flughafen die Schwerkraft aufheben, damit eine alte

---

[45] Jesaja 59,2
[46] 1. Mose 4,8

Dame sich beim Sturz auf einer Treppe nicht die Knochen bricht. Die anderen Menschen würden plötzlich zu schweben beginnen und die Flugzeuge könnten nicht richtig landen, weil die Schwerkraft sie nicht wie gewohnt zu Boden zieht. Mir fällt im Moment kein besseres Beispiel ein. Aber ich hoffe, Sie verstehen, weshalb das Gesetz von Ursache und Wirkung fundamental wichtig ist für ein verlässliches Leben, auch wenn es manchmal negative Folgen hat."

„Ja, das verstehe ich."

„Gott hatte die ersten Menschen vor den Folgen ihres Ungehorsams deutlich gewarnt.[47] Wenn sie nicht eingetreten wären, weil er sie verhindert hätte, wäre er unglaubwürdig geworden. Die Vertrauensbasis wäre zumindest angeknackst. Und Satan hätte mit seiner Lüge, die Menschen würden keineswegs sterben, plötzlich Recht gehabt. Wir sehen daran, in welches Dilemma Gott kommen würde, wenn er die Folgen der Sünde grundsätzlich oder ab und zu aufheben würde."

„Das muss ich noch einmal in Ruhe überdenken."

„Wir dürfen bei diesen Fragen nie den großen Rahmen vergessen, in dem sich das Drama abspielt: die Auseinandersetzung zwischen Gott und Satan. Satans Machenschaften mussten selbst erweisen, wohin eine Erhebung gegen Gott letztendlich führt. Dafür musste es genügend Gelegenheit geben. Die ersten Menschen haben sich aus eigener Entscheidung auf Satans Seite gestellt. Dafür trugen sie die Verantwortung und erlitten die Folgen.

Der Kern des Problems ist: Gott *konnte* diese Folgen nicht verhindern, wenn er sein Ziel erreichen wollte, einst wieder ein Universum zu haben, in dem Harmonie, Liebe und Frieden herrschen. Es muss

---

[47] 1. Mose 2,17

allen vernunftbegabten Geschöpfen deutlich werden, wohin Rebellion und Ungehorsam – in der Bibel Sünde genannt – führen."

„Aber ist das nicht schon längst deutlich geworden?"

„Ja, zumindest für die treuen Engel. Als Satan durch menschliche Werkzeuge dafür sorgte, dass Jesus Christus, der Sohn Gottes, gekreuzigt wurde, offenbarte er den loyalen Engeln seinen wahren Charakter sehr deutlich: Er erwies sich als ein Mörder, wie Jesus gesagt hatte,[48] sogar als Gottesmörder.

Daraufhin konnte Gott Satan aus seiner Gegenwart im Himmel auf Dauer verbannen, ohne dass bei den treuen Engeln Zweifel an der Gerechtigkeit dieser Maßnahme auftreten würden. Er verbannte ihn auf die Erde, weil er nur dort Anhänger gefunden hatte."[49]

„Das klingt für mich recht merkwürdig", sagte meine Gesprächspartnerin.

„Das verstehe ich. Ich habe selbst lange gebraucht, bis ich hinter diese Zusammenhänge gekommen bin. Sie haben sich ja noch nicht wirklich damit auseinandersetzen können. Und wir kennen noch nicht das ganze Handeln Gottes und alle seine Gründe. Manches können wir bereits heute verstehen, anderes wird er uns im Gericht bei der Vollendung seines Erlösungsplanes erklären."

„Ich verstehe das wirklich noch nicht: Wenn Gott allmächtig und angeblich so barmherzig ist, dann hätte er unsere Erlösung doch auch anders bewerkstelligen können – ohne dass Christus erst gekreuzigt werden musste. Er hätte doch einen Engel schicken oder einfach sagen können: ‚Schwamm drüber. Ich vergebe euch alles. Keiner geht verloren.' Warum

---

[48] Johannes 8,40.44
[49] Offenbarung 12,5.7–9; Johannes 12,31

musste sein Sohn sterben, damit alles wieder gut wird? Das will mir nicht in den Kopf."

„Ihre Frage ist völlig berechtigt. Ich habe schon mit vielen Menschen gesprochen, denen das Vorgehen Gottes bei unserer Erlösung auch unverständlich ist. Bis vor Kurzem war mir selbst einiges nicht klar. Aber dann hat mir ein Freund eine Übersicht geschickt, mit der er in Bibelkreisen das Vorgehen Gottes zu unserer Erlösung verständlich macht. Da sind auch mir neue Zusammenhänge aufgegangen. Möchten Sie, dass ich Ihnen das erläutere?"

„Gern. Ich kann sowieso nicht schlafen." Frau Naumann lehnte sich zurück.

„Die These meines Freundes ist, dass sich das Vorgehen Gottes bei unserer Erlösung *zwangsläufig* aus den Folgen des Sündenfalls ergibt. Die haben wir ja bereits kennengelernt.

Die Folge und zugleich die Ursache unserer Misere sind mangelndes Vertrauen und mangelnde Liebe zu Gott. Misstrauen und Selbstsucht sind an ihre Stelle getreten. Was musste Gott tun, um die Menschen zu motivieren, ihm zu vertrauen und ihn zu lieben?"

„Naja", sagte sie etwas zögerlich, „er müsste zeigen, dass man ihm doch vertrauen kann und er liebenswürdig ist. Er muss das Verhältnis irgendwie reparieren."

„Ja, aber Gott kann die Beziehung zu den Menschen nicht allein in Ordnung bringen. Beide Seiten müssen daran arbeiten. Er kann nur sein Interesse an einer harmonischen Beziehung bekunden und uns seine Vertrauenswürdigkeit und seine Liebe *beweisen*. Es reicht nicht aus, wenn er lediglich *behauptet*, er sei vertrauens- und liebenswürdig.

Zugleich musste Gott Satan Gelegenheit geben, dessen Behauptungen zu beweisen, und so den Menschen die Chance geben, sie als Lügen zu erkennen. Satan musste seinen wahren Charakter, der von Selbstsucht, Machtgier und Mordlust geprägt ist, offenbaren können.

Eine weitere Folge des Sündenfalls ist, dass wir Menschen uns der Rebellion Satans bewusst oder unbewusst angeschlossen haben und Gott ungehorsam geworden sind. Wir missachten seine Gebote. Was kann Gott tun, um das zu ändern?"

Meine Nachbarin sah mich etwas ratlos an und sagte dann: „Er muss die Menschen dazu bringen, dass sie sich von Satan abwenden – oder?"

„Ja, Gott muss uns motivieren, unsere Ablehnung Gottes aufzugeben und uns von Satan loszusagen, also uns dazu bringen, ihm wieder aus Liebe gehorsam zu sein."

„Aus Liebe gehorsam sein?", wiederholte sie fragend. „Das passt doch nicht zusammen. Ist Gehorsam nicht etwas Zwanghaftes, das Gegenteil von Freiheit und Liebe? Wenn ich einen Menschen liebe und der mich auch liebt, dann spreche ich doch nicht von Gehorsam."

„Sie haben Recht. Wenn ich jemanden liebe, werde ich alles tun, um die Harmonie mit diesem Menschen nicht zu stören. Ich bemühe mich, mit ihm im Einklang zu leben und zu handeln, denn es gibt ja eine Übereinstimmung von Interessen, Zielen und Werten.

Andererseits können wir nicht außer Acht lassen, dass Gott der Herrscher des Universums ist und es eine Ordnung in seinem Reich gibt. Wir nennen diese Ordnung das Gesetz Gottes. Sie kennen sicher die Zehn Gebote."

„Selbstverständlich."

„Sie dienen ja vor allem unserem Besten und schützen uns, zum Beispiel unser Leben, unser Eigentum oder unsere Ehe. Deshalb lauten sie: ‚Du sollst nicht töten, nicht stehlen oder die Ehe brechen.' Diese

Gebote stammen von einem liebenden und weisen Schöpfer, der am besten weiß, wie das Leben glücklich sein kann. In Bezug auf Gott ist es daher durchaus passend, von Gehorsam zu sprechen.

Die Art meiner Beziehung zu Gott hat naturgemäß einen starken Einfluss darauf, was mich motiviert: Ich kann Angst vor ihm haben und ihm deshalb gehorchen. Wenn ich ihn aber liebe und ihm vertraue, dann drücke ich das auch aus, indem ich mich nach seinen Prinzipien und Weisungen richte.[50] Jesus sagte einmal zu seinen Nachfolgern: ‚Wenn ihr mich liebt, werdet ihr meine Gebote halten.‘ Und: ‚Ihr seid meine Freunde, wenn ihr tut, was ich euch gebiete.‘[51] Jesus ist nicht unser Kumpel, sondern der Sohn Gottes. Als unser Erlöser ist er immer auch unser Herr, auf den wir hören und dem wir folgen.“[52]

„Das gefällt mir besser“, sagte meine Sitznachbarin.

„Kommen wir zu einer weiteren Folge des Sündenfalls“, fuhr ich fort. „Wegen der Übertretung des ausdrücklichen Gebotes Gottes hatten die ersten Menschen Schuld auf sich geladen und Strafe verdient. Durch unser eigenes Verhalten heute zeigen wir übrigens, dass wir es nicht besser als sie gemacht hätten, denn wir übertreten auch mehr oder weniger häufig und bewusst die Gebote Gottes.“

„Da haben Sie Recht.“

„Darum geht es mir aber nicht, sondern darum, dass wir Gott in seinem Handeln besser verstehen und *ihm* Recht geben“, sagte ich schmunzelnd. „Die Frage ist nun: Was musste Gott tun, um die Menschen von ihrer Schuld zu befreien?“

„Er braucht ihnen einfach nur zu vergeben!“

[50] 1. Johannes 5,3
[51] Johannes 14,15; 15,14
[52] Lukas 6,46

„Einem Schuldigen einfach die gerechte Strafe erlassen? Das verletzt doch unser Rechtsempfinden! Würde Satan dann nicht Gott der Ungerechtigkeit beschuldigen? Und er hätte Recht damit. So einfach geht das also nicht. Gott kann unsere Schuld nicht einfach unter den Teppich kehren. Er ist zwar barmherzig, aber er muss auch gerecht sein."

Sie sah mich an und legte ihre Stirn in Falten.

„Die Schuld des Menschen muss irgendwie gesühnt und der Gerechtigkeit Genüge getan werden. Dabei darf Gott die Menschen aber weder bestrafen, wie sie es verdient haben – denn das bedeutet den ewigen Tod – noch darf er seine einmal erlassenen Gebote aufheben oder verändern. Was würden wir von einem Gott halten, der zuerst Gebote gibt und sie dann, wenn wir sie übertreten, wieder ändert?"

„Wir würden wahrscheinlich unseren Respekt vor ihm verlieren."

„Ein weiteres Problem bestand darin, dass auch der Charakter der Menschen durch ihren Ungehorsam verändert worden war. Sie waren selbstsüchtig geworden und hatten damit die Eignung für das Leben in einem vollkommenen Universum verloren. Welcher Herausforderung sah Gott sich gegenübergestellt?"

„Das verstehe ich nicht."

„Unser Charakter muss verändert werden, ohne dass Gott uns manipuliert. Genau das ist der schwierige Punkt: Er musste einen Weg finden, um unser Wesen derart zu verändern, dass wir wieder in Harmonie mit seinem Charakter und seinen Prinzipien leben. Und dabei darf Gott weder Zwang ausüben noch uns manipulieren. Das heißt: Er braucht dazu die Bereitschaft und Einwilligung jedes einzelnen Menschen. Diese innere Veränderung hat das Ziel, dass wir wieder aus Liebe zu ihm statt aus Selbstsucht handeln."

„Das klingt kompliziert. Wie soll das geschehen?"

„Darauf komme ich gleich. Zunächst sollten wir uns noch zwei weitere Anforderungen an Gott bewusst machen. Die Menschen waren sterblich geworden und erfahren nun körperlichen Verfall, Krankheit und den Tod. Darüber hinaus haben wir auch noch das Paradies verloren. Was erfordert es von Gott, wenn er diese Folgen des Sündenfalls beseitigen will?"

„Naja, er muss die Menschen wieder lebendig machen und ein neues Paradies schaffen."

„Genau. Gott muss uns ein neues Leben in einem gesunden Körper geben und die Erde völlig erneuern. Wenn er uns dann wieder den Zugang zum ‚Baum des Lebens' eröffnet, können wir ewig leben."

„Dann wäre alles wieder bestens", sagte Frau Naumann. „Das sind tatsächlich eine Menge schwieriger Anforderungen an Gott."

„Allerdings. Zu unserem Glück ist Gott ein mächtiger Schöpfer und sehr weise. Für ihn ist es sicher kein Problem, Menschen neu zu erschaffen und ihnen ein neues Paradies zu geben. Das hat er ja bereits einmal getan und kann es allein mit seiner Macht erreichen. Und auch seine Vertrauens- und Liebenswürdigkeit zu beweisen, fällt ihm nicht schwer, denn so ist ja sein wahres Wesen. Aber einige der genannten Anforderungen kann er mit seiner Macht *nicht* erfüllen."

„Wie meinen Sie das?"

„Wie bringt man sein rebellisches Kind dazu, einem wieder aus Liebe zu gehorchen? Haben Sie ein Rezept dafür?"

„Ich würde es mit viel Liebe und Zureden versuchen", meinte Frau Naumann.

„Führt das garantiert zum Erfolg?"

„Leider nicht immer!"

„Und mit Zwang erreicht man erst recht nichts. Damit würden wir nur Öl ins Feuer der Rebellion gießen, weil Machtausübung Angst erzeugt."

„Eine ganz schön vertrackte Situation, die durch den Sündenfall eingetreten ist", sagte sie. „Langsam begreife ich, dass sie selbst für Gott nicht einfach zu lösen ist. Wie schafft er es denn? Die Bibel sagt doch sicher auch darüber etwas."

„Gewiss. Manches davon kennen Sie vielleicht noch von früher aus dem Religionsunterricht."

„Tut mir Leid, aber ich kann mich nur schwach erinnern. Meinen Sie das ewige Leben?"

„Ja, die Gläubigen werden einmal auferstehen und einen neuen Körper bekommen.[53] Und dann dürfen sie auf einer erneuerten Erde leben, auf der es weder Leid, Schmerzen noch den Tod gibt.[54] Und den Weg, auf dem Gott die Schuld der Menschen gesühnt hat, haben wir vorhin schon besprochen."

„Sie meinen sicher die Kreuzigung von Jesus. Ich verstehe immer noch nicht, warum das nötig war."

„Die Frage haben wir ja auch noch nicht geklärt. Nehmen wir ein Beispiel. Ich fahre mit dem Auto zu schnell. Ich übertrete die Geschwindigkeitsbegrenzung und gerate in eine Radarkontrolle. Ein Polizist stoppt mich, will meine Papiere sehen und ein Bußgeld kassieren. Er kann es mir nicht einfach erlassen, selbst wenn er es wollte, denn damit würde er das Recht verletzen und seine Pflichten vernachlässigen. Aber wenn mein Freund auf dem Beifahrersitz seine Brieftasche zückt und dem Polizisten das Bußgeld gibt, dann gehe ich zu Recht ohne Strafe aus."

„Das ist aber ein seltsames Beispiel."

„Sicher, das passiert nicht oft – aber es wäre rechtens. So ähnlich hat der Sohn Gottes an unserer Stelle für uns die Strafe bezahlt, die wir verdient haben.[55]

---

[53] 1. Korinther 15,21.22.42–44.51–53
[54] Offenbarung 21,1.4
[55] Jesaja 53,5.6

Dadurch können wir gerechterweise straffrei ausgehen, denn es ist ein anerkannter Rechtsgrundsatz, dass nicht *zwei* Leute für dasselbe Vergehen bestraft werden können, wenn nur *einer* die Tat begangen hat. Im genannten Beispiel könnte der Polizist nicht auch noch von mir ein Bußgeld verlangen, wenn mein Freund es bereits bezahlt hat."

„Ja, das leuchtet mir ein."

„Nun zu der Frage, weshalb ausgerechnet der Sohn Gottes die Strafe bezahlen musste. Die Sühne muss gerechterweise dem Verbrechen entsprechen. Einen Mord kann man nicht mit einem Bußgeld sühnen. Die Übertretung der göttlichen Gebote ist aber ein Majestätsverbrechen, auf das die Todesstrafe steht, der Verlust des Lebens, und zwar für immer. Das hören wir zwar nicht gern, aber es ist die Wahrheit.

Wir Menschen sind dem Gesetz Gottes unterstellt. Von uns kann zu Recht Gesetzestreue verlangt werden. Daher hätte das Opfer *eines* Menschen oder eines Engels nicht ausgereicht, um die Schuld *aller* Menschen zu sühnen. Das musste jemand tun, der dem Gesetz Gottes gleichwertig ist. Daher war das Opfer des Sohnes Gottes nötig. Nur er steht als Gesetzgeber[56] *über* dem Gesetz. Seine Sühne reicht daher für die Schuld *aller* Menschen. Wenn ein Engel oder ein sündloser Mensch sich opfern würde – abgesehen davon, dass es den nicht gibt –, könnte dieses Opfer nur einem anderen Menschen zugutekommen."

Meine Nachbarin gähnte. „Entschuldigung. Das ist jetzt kein Ausdruck von Langeweile. Erklären Sie ruhig weiter. Wenn ich nicht mehr mag, sag ich das schon."

„Darum bitte ich Sie auch. Schließlich wühlen wir uns hier durch schwierige Fragen über Gott."

---

[56] Vgl. 2. Mose 20,2 mit Judas 4b.5 und Jakobus 4,12 mit Johannes 5,22.

„Den Eindruck habe ich allerdings auch."

„Aber wir haben bereits Vieles geklärt. Wir haben vorhin festgestellt, dass Gott seine Vertrauens- und Liebenswürdigkeit beweisen muss. Und genau das hat er auch getan."

„Das ist mir aber nicht bekannt."

„Gott hat seine Einzigartigkeit und seine Vertrauenswürdigkeit vor allem durch seine Vorhersagen unter Beweis gestellt.[57] Viele sind genau eingetroffen. Und auch dadurch, dass er das Volk Israel aus Ägypten befreit hat und durch die Wüste ins verheißene Land führte, hat er seine Liebe, Treue und Vertrauenswürdigkeit bewiesen, denn er hatte es ihrem Stammvater Abraham versprochen."[58]

„Moment mal", unterbrach mich Frau Naumann. „Sie sagten eben, dass Gott Vorhersagen gemacht hat, die später eingetroffen sind. Können Sie mir da vielleicht ein Beispiel nennen?"

„Das will ich gern tun. Aber dazu müsste ich Ihnen einiges erzählen. Da ich hier keine Übersicht mit all den Punkten, die wir gerade besprechen,[59] zur Hand habe, fürchte ich, dass es Ihnen nachher schwerfallen wird, den Gedankengang wieder aufzunehmen. Daher schlage ich vor, dass ich Ihnen zunächst erläutere, wie Gott die übrigen Anforderungen erfüllt hat. Danach kommen wir auf einige Beispiele für erfüllte Prophezeiungen aus der Bibel zurück."

„Einverstanden." Und mit einem verschmitzten Lächeln fügte sie hinzu: „Aber nicht vergessen."

„Bestimmt nicht", versicherte ich. „Ich erzähle sehr gern davon. – Wir waren bei dem Punkt, wie Gott seine Liebe bewiesen hat. Das hat er auch durch die Sendung seines Sohnes auf die Erde getan. Sie ken-

---

[57] Jesaja 46,9–11; 45,21
[58] 5. Mose 7,6–8; 1. Mose 15,13.14
[59] Diese Übersicht findet sich im Anhang dieses Buches, S. 162f.

nen sicher den Bibeltext: ‚So sehr hat Gott die Welt geliebt, dass er seinen einzigartigen Sohn gab, damit jeder, der an ihn glaubt, nicht verlorengeht, sondern das ewige Leben erlangt.'[60] Der Sohn Gottes wurde Mensch und lebte unter uns.[61] Er zeigte in seinem Charakter und in seinem Handeln, wie sehr Gott uns Menschen liebt.[62] Er hat sich sogar um unseretwillen freiwillig kreuzigen lassen,[63] weil er uns liebt. Zwar hat letztlich der Teufel ihn umgebracht, aber Jesus hätte das nicht mit sich geschehen lassen müssen. Schließlich war er der Sohn Gottes und hätte eine Armee von Engeln zu Hilfe rufen können.[64]

Übrigens: Gott konnte die Probleme, die durch den Sündenfall der Menschen aufgetreten waren, überhaupt nur lösen, weil er im Team arbeitet – als Vater, Sohn und Heiliger Geist."

„Was macht denn der Heilige Geist dabei?"

„Der ist besonders zur Lösung der verbleibenden Probleme aktiv, zum Beispiel, um zu erreichen, dass wir Gott wieder aus Liebe gehorchen – oder besser gesagt: unser Handeln freiwillig und gern mit seinen Werten und Maßstäben in Einklang bringen."[65]

Sie lächelte, als ich mich korrigierte.

„Wenn wir vor allem durch Jesus Christus erkennen und erfahren, wie sehr Gott uns liebt, dann erweckt der Heilige Geist in uns Gegenliebe. Sie motiviert uns, Gott zu gehorchen.[66] Der Geist bewirkt – wenn wir uns Christus anvertrauen –, dass wir Gottes Prinzipien und Gebote verinnerlichen und gerne ausleben.[67]

---

[60] Johannes 3,16 frei wiedergegeben
[61] Philipper 2,5–7
[62] 1. Johannes 4,9.10
[63] Philipper 2,8; Johannes 10,17.18
[64] Matthäus 26,53
[65] Hesekiel 36,26.27
[66] 1. Johannes 4,16.19; 5,3
[67] Hebräer 8,10

Außerdem verändert er unseren Charakter und befähigt uns zur Nächstenliebe.[68] Wir wissen, wie sehr uns Liebe zur Änderung unserer Einstellungen und unserer Verhaltensweisen motivieren kann.

Gott befreit uns durch das Wirken des Heiligen Geistes auch von unseren sündigen Gewohnheiten.[69] So erlangen wir die Eignung für das ewige Leben."

„Also dazu habe ich eine Menge Fragen", sagte meine Sitznachbarin.

„Das ist nicht verwunderlich, denn damit sind wir bereits bei jenem Prozess, durch den wir persönlich die Erlösung erfahren", sagte ich. „Wenn sich Ihre Fragen speziell darauf beziehen, würde ich vorschlagen, dass wir sie hinten anstellen und erst einmal dieses Thema abschließen."

„Ja, das ist besser", stimmte sie zu. Anscheinend wollte sie noch etwas sagen, daher sah ich sie erwartungsvoll an. Nach einer Weile meinte sie: „Ich hatte keine Ahnung, dass das Ganze so umfassend und vielschichtig ist. Insgesamt scheint mir das schon logisch und nachvollziehbar zu sein, aber ich bin mir nicht sicher, ob ich das alles verstanden habe."

„Wir besprechen heute Nacht ja auch sehr viel auf einmal. Wenn ich mit Menschen systematisch die Bibel studiere, behandeln wir diese schwierigen Themen in mehreren Treffen. Aber ich kann Ihnen gern eine Kopie der Ausarbeitungen zuschicken, die mir mein Freund dazu zur Verfügung gestellt hat.[70] Dann können Sie das alles noch einmal in Ruhe nachlesen, auch die entsprechenden Texte in Ihrer Bibel. Und natürlich stehe ich Ihnen auch später noch für Fragen zur Verfügung. Per Telefon bin ich zwar nicht immer erreichbar, aber man kann mir eine Nachricht hinter-

---

[68] Galater 5,22.23; 1. Johannes 4,7.8
[69] Römer 8,12–14 GNB/Hfa
[70] Auf Seite 161 wird erklärt, wo man sie finden kann.

lassen. Und das Telefonieren ist ja heute nicht mehr teuer, selbst aus den USA nicht, wo ich wohne."

„Danke für das Angebot. Im Moment schwirrt mir nur der Kopf."

„Sollen wir lieber eine Pause machen?"

„Nein, nein", sagte Frau Naumann mit Nachdruck. „Die Sache ist wirklich spannend und Sie wollten mir noch einiges erzählen."

„Bevor ich auf einige Beispiele biblischer Prophetie komme, möchte ich noch einige Schlussfolgerungen aus den Anforderungen an Gott in Bezug auf den Erlöser ziehen. Daraus können wir erkennen, weshalb niemand anderes als der Mensch gewordene Sohn Gottes uns retten konnte.

Gott kommt mit seinem Plan nur deshalb zum Ziel, weil jemand als Mittler eingesprungen ist. Der muss logischerweise gewisse Anforderungen erfüllen.

Wir haben vorhin festgestellt, dass Gott seine Vertrauens- und Liebenswürdigkeit beweisen muss. Das hat er vor allem durch diesen Mittelsmann getan. Dazu musste dieser den Charakter Gottes getreu darstellen, und zwar so, dass wir Menschen es begreifen können. Daraus ergeben sich zwei Anforderungen: Der Mittler musste wesensgleich mit Gott sein und auch uns Menschen gleich werden, damit er sich uns verständlich machen konnte. Auf diese Weise konnte er auch unser Stellvertreter werden und Satan in dessen Herrschaftsbereich besiegen."

„Ja, das ergibt einen Sinn." Sie nickte.

„Unsere Probleme haben ihre Ursache letztlich darin, dass wir gesündigt haben. Daran durfte der Mittler keinen Anteil haben: Er musste als Mensch vollkommen gehorsam sein und ohne Sünde bleiben. Er musste beweisen, dass wir Menschen durch die Kraft Gottes gehorsam sein bzw. in Harmonie mit dem Willen Gottes leben können und Satan uns nicht zum

Sündigen zwingen kann. Damit wird klargestellt, dass die Menschen wirklich die moralische Verantwortung für ihre Sünden mit all deren Folgen tragen.

Eine weitere Anforderung hatten wir bereits besprochen: Der Mittler musste die Schuld aller Menschen auf sich nehmen und die Strafe dafür erleiden. Weiterhin sollte er uns von unserer Bindung an Satan und von unseren sündigen Gewohnheiten befreien können. Er muss also mächtiger als Satan sein.

Darüber hinaus muss er auch in der Lage sein, uns von allen Folgen der Sünde zu befreien, insbesondere vom Tod. Das erfordert, dass er selbst den Tod überwand, indem er wieder auferstand.

Und damit er uns Menschen zum ewigen Leben auferstehen lassen und die Erde wieder in einen paradiesischen Zustand versetzen kann, braucht er schöpferische Kräfte. Er muss also Gott gleich sein.

Ich möchte die Anforderungen an diesen Mittler noch einmal kurz zusammmfassen: Er musste also Gott gleich sein, aber auch ein Mensch werden[71], sündlos leben und unsere Schuld durch seinen Tod sühnen.[72] Und er musste wieder vom Tod auferstehen und schöpferische Macht besitzen.[73]

Im ganzen Universum gibt es nur einen, der dies alles erfüllt hat: der Sohn Gottes, der in Jesus Christus Mensch geworden ist. Deshalb kommt er als Einziger als unser Erlöser und Mittler in Betracht.[74] Und deshalb können wir ihm zuversichtlich vertrauen."

„Und wie könnte ich diesen Mittler für mich in Anspruch nehmen, wie Sie es nennen?"

„Die Misere der Menschen begann ja damit, dass ihre Vertrauens- und Liebesbeziehung zu Gott zer-

---

[71] Johannes 1,1–4; Philipper 2,5–8
[72] 2. Korinther 5,21; Hebräer 7,26.27
[73] Offenbarung 1,18; 21,1.5; Kolosser 1,15.16
[74] Apostelgeschichte 4,12

brach. Diese Beziehung müssen wir wieder aufbauen. Gott tut von seiner Seite alles Nötige dazu. Er erwartet kein blindes Vertrauen. Jemandem, den wir kennen und den wir als vertrauenswürdig erlebt haben, können wir aus guten Gründen vertrauen. Daher besteht unsere erste und vordringliche Aufgabe darin, Jesus Christus besser kennenzulernen, denn durch ihn lernen wir auch Gott kennen.[75] Die Hauptquelle dafür sind die Evangelienberichte im Neuen Testament.

Wenn wir anfangen, Jesus zu lieben und zu vertrauen, können wir die Entscheidung treffen, ihn als Erlöser anzunehmen.[76] Wir bekennen ihm unsere Schuld und übergeben ihm unseren Fall.[77] Da wir selbst dieser Fall sind und die größten Probleme *in uns* stecken, bedeutet das, dass wir uns selbst und unser Leben in seine Hand geben. So wird er unser Herr, dem wir folgen und dessen Willen wir ernst nehmen.[78] Er wird uns dann durch den Heiligen Geist von innen her verändern, so dass wir schädliche Gewohnheiten ablegen und uns nach Gottes Geboten und Prinzipien richten.[79] Das wird aber – wie ich bereits sagte – aus Liebe geschehen, wenn wir ihn wirklich kennengelernt und erfahren haben, wie liebenswert er ist."

Sie dachte nach, wie ich an ihrem angestrengten Gesicht ablesen konnte. Eine Weile lang schwiegen wir. „Alles, was Sie mir bisher erzählt haben, klingt sinnvoll", sagte sie dann. „Es hört sich logisch an. Aber woher weiß ich, dass das alles stimmt?"

---

[75] Johannes 14,7; 17,3
[76] Apostelgeschichte 16,30.31
[77] 1. Johannes 1,7–9
[78] Matthäus 7,21
[79] Hesekiel 36,26.27

9

Warum ich der Bibel vertraue
Beispiele biblischer Prophetie

„Die einzig zuverlässige Informationsquelle zu diesen Themen ist die Bibel", sagte ich.

„Sie scheinen von der Zuverlässigkeit der Bibel überzeugt zu sein. Woher nehmen Sie diese Überzeugung? Ist die Bibel nicht ein Buch wie jedes andere – von Menschen geschrieben, mit Fehlern und Widersprüchen?" Dabei lehnte sie sich zurück und blickte mich kritisch an.

„Für mich enthält die Bibel vor allem Mitteilungen Gottes an uns Menschen. Ich bin nach eingehender Prüfung zu der Überzeugung gekommen, dass er ihre Autoren inspiriert hat, bestimmte Ereignisse, Erfahrungen und direkte Botschaften von ihm aufzuschreiben. Dabei hat er den Verfassern die Worte nicht diktiert. Deshalb gibt es sehr unterschiedliche Stile in der Heiligen Schrift, auch Unvollkommenheiten in der Darstellung und Ausdrucksweise. Ich glaube aber, dass die Bibel Informationen von Gott enthält und ihre Botschaft zuverlässig ist. Sie ist daher allen anderen Büchern aus menschlicher Feder überlegen."

„Das glauben *Sie*! Aber gibt es denn dafür auch Beweise?"

„Ja, eine ganze Reihe. Mich haben besonders die Prophezeiungen über die Zukunft überzeugt, die die Bibel enthält", erklärte ich. „Der wahre Gott behauptet, der einzige zu sein, der zukünftige Ereignisse zuverlässig vorhersagen kann.[80] Der Teufel oder Menschen können die Zukunft nur insofern prophezeien,

---

[80] Jesaja 46,9–11

wie sie sie selbst beeinflussen oder manipulieren können. Es wäre zum Beispiel keine Kunst für mich vorherzusagen, dass wir in Frankfurt landen werden. Mit großer Wahrscheinlichkeit erfüllt sich das, aber damit bin ich noch kein Prophet.

Ich hatte Ihnen ja versprochen, einige Beispiele biblischer Vorhersagen zu nennen. Da wir deren Erfüllung heute eindeutig nachprüfen können, haben wir damit einen guten Test für die Vertrauenswürdigkeit Gottes und ebenso für den Wahrheitsgehalt und den übernatürlichen Charakter der Heiligen Schrift."

„Nun bin ich aber gespannt."

„Da gibt es zum Beispiel eine Prophezeiung über die Stadt Tyrus. Sie war im Altertum eine blühende Hafenstadt am Mittelmeer und lag im heutigen Libanon. Tyrus war die Heimatstadt der Phönizier, die bis in den Atlantik Handel trieben. Als der babylonische König Nebukadnezar Jerusalem erobert und zerstört hatte, erhofften sich die Bewohner von Tyrus davon Vorteile.[81] Gott ließ ihnen durch den Propheten Hesekiel ankündigen, dass Nebukadnezar ihre Stadt ebenfalls zerstören würde. Zudem würde sie abgebrochen, ihre Steine ins Meer geworfen und sie nie wieder aufgebaut werden. Ja, sie sollte sogar nie mehr gefunden werden, selbst wenn man nach ihr suchen würde. Ich frage mich manchmal, ob Hesekiel das ohne Zögern aufgeschrieben hätte, wenn er die heutigen Methoden der Archäologie gekannt hätte."

„Steht denn das wirklich so eindeutig da?"

„Lesen Sie bitte selbst einige Verse." Ich schlug in meiner Bibel Hesekiel 26 auf. „Die Vorhersage umfasst ein ganzes Kapitel. Ich zeige Ihnen die markantesten Aussagen." Dann deutete ich mit meinem Finger zuerst auf die Verse 3 und 4: „Darum spricht Gott

---

[81] Hesekiel 26,2

der HERR: Siehe, ich will an dich, Tyrus, und will viele Völker gegen dich heraufführen, wie das Meer seine Wellen heraufführt. Die sollen die Mauern von Tyrus zerstören und seine Türme abbrechen; ja, ich will sogar seine Erde von ihm wegfegen und will einen nackten Fels aus ihm machen."

„Anschließend erwähnt Gott Nebukadnezar ausdrücklich und erklärt, wie der die Stadt erobern wird." Ich zeigte auf die Verse 7 bis 9: „Ich will über Tyrus kommen lassen Nebukadnezar, den König von Babel, von Norden her, den König der Könige, mit Rossen, Wagen, Reitern und einem großen Heer. Der soll deine Tochterstädte auf dem Festland mit dem Schwert schlagen; aber gegen dich wird er Bollwerke errichten und einen Wall gegen dich aufschütten und ein Schilddach gegen dich erstellen. Er wird mit Sturmböcken deine Mauern umstoßen und deine Türme mit seinen Werkzeugen einreißen."

Als ich den Eindruck hatte, dass Frau Naumann das gelesen hatte, sagte ich: „Anschließend finden wir einen bedeutungsvollen Wechsel in der Vorhersage von *er* – gemeint ist Nebukadnezar – zu *sie*." Ich las die Verse 12 und 14: „Sie werden deine Schätze rauben und deine Handelsgüter plündern. Deine Mauern werden sie abbrechen und deine schönen Häuser einreißen und werden deine Steine und die Balken und den Schutt ins Meer werfen ... Ich will einen nackten Fels aus dir machen, einen Platz, an dem man Fischnetze aufspannt, und du sollst nicht wieder gebaut werden."

Dann deutete ich auf Vers 21. „Hier am Schluss können Sie die Vorhersage lesen, dass man Tyrus nicht wieder finden wird: ‚Tödlichem Schrecken gebe ich dich preis, dass es aus ist mit dir und man dich nie mehr findet, wenn man nach dir sucht, spricht Gott der HERR.'"

„Und wie hat sich das alles erfüllt?"

„Kurze Zeit nach dieser Ankündigung Hesekiels im Jahr 587 vor Chr. belagerte Nebukadnezar mit seinem Heer die Stadt. Die Bewohner schreckte das nicht, denn sie konnten sich auf eine vorgelagerte Insel flüchten. Dort befanden sich die Hafenanlagen, die durch Unterwassersperren effektiv gegen feindliche Kriegsschiffe gesichert waren. Außerdem standen dort die Lagerhäuser, die auch genügend Vorräte für den Belagerungsfall enthielten. Daher konnte Nebukadnezar zwar die Stadt auf dem Festland erobern und zerstören, aber nicht diese Insel. Ein Friedensvertrag wurde geschlossen und die Stadt wieder aufgebaut, denn die Phönizier waren durch ihren Handel sehr reich."

„Also hatte sich die Vorhersage doch nicht erfüllt!"

„Zum Teil noch nicht, da haben Sie Recht. Das bewerkstelligte erst 250 Jahre später Alexander der Große. Auf seinem Eroberungszug kam er an der Stadt vorbei. Die Bewohner von Tyrus wollten sich jedoch nicht ergeben und zogen sich, wie gehabt, auf die Insel zurück. Der geniale Feldherr Alexander ersann jedoch den Plan, die Stadt bis auf den letzten Stein abzutragen, um damit einen 600 Meter langen und 60 Meter breiten Damm zur Insel zu bauen. Dafür wurde alles Material der Stadt Tyrus gebraucht, das verfügbar war, und – wie durch Hesekiel prophezeit – aller Schutt ins Meer geworfen.

In der Folgezeit wurde die Stadt nie wieder aufgebaut. Der Damm verlandete, sodass eine Halbinsel entstand. Auf ihr befindet sich heute ein Fischerdorf. Dort werden tatsächlich Netze zum Trocknen aufgespannt. Aber niemand weiß heute genau, wo sich die alte Stadt Tyrus auf dem Festland befand. Archäologen haben außer Teilen einer Wasserleitung, die anscheinend die Stadt versorgte, keine Reste von ihr gefunden.[82] Alles kam genau so, wie Gott es vorhergesagt hatte."

„Das ist tatsächlich eindrucksvoll", sagte meine Sitznachbarin. „Haben Sie noch andere Beispiele?"

„Sicher. Lange vor ihrer größten Blütezeit wurde über die berühmte Stadt Babylon prophezeit, dass sie eines Tages nicht mehr bewohnt sein würde, obwohl sie in einer fruchtbaren Gegend am Euphrat lag, aber Wüstentiere in ihren Ruinen hausen würden.[83] Babylon existierte zwar noch jahrhundertelang, wurde dann aber verlassen und vom Wüstensand begraben. Über tausend Jahre lang wusste niemand, wo die Stadt gelegen hatte. Archäologen gruben erst Ende des 19. Jahrhunderts Ruinen aus, die sie als Babylon identifizieren konnten. Außer dem Museumswärter wohnt heute niemand an dem Ort.[84] Erst durch die Ausgrabungen konnten Wüstentiere dort wieder einen Unterschlupf finden. So hat sich die Vorhersage Gottes nach über 2500 Jahren genau erfüllt."

„Aber wenn dort ausgegraben wurde, gab es dort doch auch Menschen", warf Frau Naumann ein.

„Aber sie haben dort nicht gewohnt. Und auf dem alten Stadtgebiet Babylons ist keine Siedlung mehr entstanden. Ein anderes bemerkenswertes Beispiel ist die Prophezeiung von Jesus über den wunderschönen Tempel in Jerusalem. Er kündigte an, dass der Tempel zerstört werden und nicht ein Stein auf dem anderen bleiben wird,[85] und gab seinen Nachfolgern den Rat, schleunigst aus der Stadt zu fliehen, wenn ein Heer Jerusalem belagern würde.[86]

---

[82] Siegfried Horn, *Auf den Spuren alter Völker*, Saatkorn-Verlag, Hamburg 1979, S. 239–247.
[83] Jesaja 13,19–22
[84] S. Horn, a. a. O., S. 47–53.
[85] Matthäus 24,1.2; Lukas 21,5.6
[86] Lukas 21,20.22

Der jüdische Geschichtsschreiber Josephus berichtet von der tragischen Zerstörung des Tempels durch die römischen Soldaten. Das war im Jahr 70 nach Christus, knapp 40 Jahre nach der Vorhersage.

Während der lang anhaltenden Belagerung der Stadt zog sich das römische Heer plötzlich zurück. Viele hielten das für einen Hinterhalt und nutzten deshalb nicht die Gelegenheit zur Flucht. Für die Christen jedoch, die sich an die Worte von Jesus erinnerten, war dies das vorhergesagte Zeichen. Nicht ein einziger Christ soll bei der Belagerung Jerusalems ums Leben gekommen sein."

Meine Nachbarin schwieg eine Weile. „Kann ich das irgendwo nachlesen?"

„Die Vorhersage von Jesus finden Sie in den Evangelien, in Matthäus Kap. 24 und Lukas 21. Die Erfüllung beschreibt der damals lebende Historiker Flavius Josephus in seinem Buch *Der jüdische Krieg*. Diese Beispiele finden Sie in Büchern über biblische Prophezeiungen und die Ergebnisse der Geschichtsforschung und der Archäologie, die ihre genaue Erfüllung belegen.

Übrigens gab es knapp 300 Jahre später den Versuch, die Vorhersage Jesu zu widerlegen. Der römische Kaiser Julian wollte den Tempel in Jerusalem wieder aufbauen lassen. Trotz der vereinten Anstrengungen der Juden und des römischen Kaisers scheiterte dieses Unterfangen. Der Geschichtsschreiber Edward Gibbon berichtet, dass Feuerkugeln aus der Erde hervorkamen und die Arbeiter versengten.[87] So wurden die Leute gezwungen, die Bauarbeiten einzustellen. Selbst wenn das nicht so abgelaufen ist, bleibt es eine Tatsache, dass der Tempel nie wieder aufgebaut wurde. Seit Jahrhunderten steht an jener Stelle die Omar-Moschee, der Felsendom. Das ist die zweitheiligste Stätte

---

[87] In *History of the Decline and Fall of the Roman Empire*, Kap. 23.

des Islam. An einen Wiederaufbau des Tempels ist also nicht zu denken. Das würde einen Krieg auslösen."

„Ja, bestimmt. Aber von all diesen Prophezeiungen habe ich noch nie etwas gehört. Das verstehe ich nicht. Haben Sie noch mehr Beispiele?"

„Das eindrucksvollste Beispiel für die Erfüllung biblischer Vorhersagen sind die über Jesus Christus selbst. Verschiedene alttestamentliche Propheten haben bereits Jahrhunderte vor dem Erscheinen von Jesus einiges über den Messias – den Erlöser – vorhergesagt. Es gibt genaue Angaben über seinen Geburtsort, die Umstände seiner Geburt, die Art seines Dienstes, die Umstände seines Todes und über seine Auferstehung von den Toten. Es gibt sogar genaue Zeitangaben für sein Auftreten und seinen Opfertod.[88]

Sie wissen sicherlich, dass kurz nach Christi Geburt weise Männer aus dem Osten auftauchten, um ihn anzubeten und zu beschenken. Als sie nach Jerusalem kamen, fragten sie, wo der neugeborene König der Juden zu finden sei. Doch dort wusste niemand etwas von ihm. König Herodes ließ die Schriftgelehrten rufen und befragte sie. Sie nannten Bethlehem, weil der Prophet Micha 600 Jahre zuvor prophezeit hatte, dass der Herr Israels aus Bethlehem kommen werde.[89] Die Aussagen der Weisen und der Schriftgelehrten müssen so überzeugend gewesen sein, dass Herodes später die Ermordung aller kleinen Kinder in Bethlehem befahl, weil die Weisen ihm nicht – wie verlangt – berichteten, welches Kind sie in Bethlehem gefunden hatten.[90] Er wollte damit diesen möglichen Nebenbuhler beseitigen. Warum hätte Herodes eine solch grausame Maßnahme befohlen, wenn er nicht an die Zuverlässigkeit der Prophezeiungen geglaubt hätte?"

---

[88] Micha 5,1; Jesaja 7,14; 9,1.2; 53,2–12; 61,1–3; Daniel 9,24–27
[89] Matthäus 2,1–6; Micha 5,1.2
[90] Matthäus 2,8.12.16

Frau Naumann sah mich nachdenklich an.

„Übrigens", fuhr ich fort, „hat Gott durch Jesaja Jahrhunderte zuvor auch angekündigt, dass der Erlöser misshandelt und um unserer Sünde willen getötet werden würde. Er sollte im Grab reicher Leute begraben werden und wieder auferstehen.[91] Und in Psalm 22 wird sogar die Todesart des Messias, die Kreuzigung, vorhergesagt, obwohl sie erst Jahrhunderte später erfunden wurde."[92]

„Wann lebte Jesaja denn?"

„Im 7. Jahrhundert vor Christus."

„Hätten die Nachfolger von Jesus das nicht manipulieren können, um die alten Vorhersagen zu erfüllen?"

„Die Prophezeiungen auf keinen Fall. Man hat 1947 in Höhlen am Toten Meer eine vollständige Abschrift des Buches Jesaja und Bruchstücke anderer Bücher des Alten Testaments gefunden, die nachweislich aus dem zweiten Jahrhundert *vor* Christus stammen. Sie stimmen mit unserem heutigen Bibeltext überein.

Die Erfüllung der meisten Vorhersagen konnten zudem weder die Jünger noch Jesus beeinflussen. Die jüdischen Obersten betrieben seine Kreuzigung und der römische Prokurator Pontius Pilatus ordnete sie an.

Etwas beeindruckt mich besonders: Es wurde sogar vorausgesagt, dass Jesus für 30 Silberstücke ausgeliefert werden sollte.[93] Die Hohenpriester, die Judas das Geld bezahlten, waren wohl die Letzten, die ein Interesse daran hatten, zur Glaubwürdigkeit des Jesus von Nazareth beizutragen."

„Das klingt zwar beeindruckend, aber ich finde, dass man die Richtigkeit der Bibel nicht mit Argumenten aus der Bibel beweisen kann", warf Frau Naumann ein.

---

[91] Jesaja 53,7.9
[92] Psalm 22,17–19
[93] Sacharja 11,12.13; Matthäus 26,14–16; 27,3–10

„Da haben Sie Recht. Aber dass Jesus Wunder getan haben soll und unter Pilatus gekreuzigt wurde, ist historisch belegt.[94] Weil wichtige Teile in diesem Puzzle durch unabhängige Quellen bestätigt werden, vertraue ich auch dem Rest der Geschichte."

„Das ist plausibel."

„Welchen Schluss können wir aus diesen Beispielen erfüllter Vorhersagen ziehen?" Ich sah sie fragend an.

Sie überlegte eine Weile; dann sagte sie langsam: „Es sieht so aus, als ob die Bibel tatsächlich ein besonderes Buch ist. Wenn das mit den Prophezeiungen und deren Erfüllung alles stimmt, ist das zumindest sehr mysteriös. Ich kann mir das nicht erklären. Was ist denn Ihre Schlussfolgerung?"

„Weil kein Mensch die Zukunft wirklich kennt, sondern nur Gott", antwortete ich, „schließe ich daraus, dass er sich in der Bibel mitgeteilt hat und er vertrauenswürdig ist, weil sich das, was er vorhersagte, erfüllt hat. Deshalb vertraue ich ihm und verlasse mich auf seine Aussagen in der Bibel.

Und wenn sich viele Vorhersagen bereits nachprüfbar erfüllt haben, dann ist es für mich nur logisch, dass sich auch die Prophezeiungen erfüllen werden, die die Zukunft betreffen."[95]

„Welche zum Beispiel?"

„Vor allem die über die Wiederkunft von Jesus Christus, die Auferstehung der Toten, das Gericht und die Schaffung einer neuen, vollkommenen Erde ohne Leid und Tod. Dass all das tatsächlich geschehen wird, ist für mich nur folgerichtig."

„Wieso?"

---

[94] Favius Josephus, *Altertümer*, Bd. XVIII, Kap. 3.3; Cornelius Tacitus, *Annalen* Bd. XV, Kap. 44.
[95] 2. Petrus 1,19–21

„Wenn Gott seine Vertrauenswürdigkeit davon abhängig macht, dass er zukünftige Ereignisse vorhersagen kann, und dies oftmals unter Beweis gestellt hat, dann kann ich zu Recht erwarten, dass sich auch die Prophezeiungen erfüllen, die unsere Zukunft betreffen."

Sie sah mich aufmerksam an.

10

Kann man einen Folter-Gott lieben?
Der Irrtum über die Hölle

„Wissen Sie", sagte sie nach einer kleinen Pause, „als Kind hat mir die Vorstellung einer Hölle große Angst gemacht. Immer wenn ich etwas ausgefressen hatte, dachte ich, ich müsste dafür im Höllenfeuer schmoren." Sie lachte.

„Das ist einer der Hauptgründe, warum viele Menschen Gott ablehnen", sagte ich. „Ich kann gut verstehen, dass Sie nicht an einen Gott glauben können, der grausam ist. Wie kann ich auch einen Gott lieben, der mich in ein loderndes Feuer wirft, wenn ich ihm nicht gehorche, und der dann auch noch seine lebenserhaltende Macht einsetzt, um meine Qualen zu verlängern. Da bekommen wir zu Recht Abscheu vor Gott – und Angst. Wir können aber nicht zugleich Angst vor ihm haben und ihn innig lieben."[96]

„Ja, aber steht das mit der Hölle denn nicht in der Bibel? Wird Gott nicht einmal Gericht halten und Menschen bestrafen?"

[96] 1. Johannes 4,18

„Das sagt die Bibel durchaus. Aber wir müssen genau verstehen, *wie* das geschieht, um kein verkehrtes Bild von Gott zu bekommen. Es wird in der Heiligen Schrift zwar von einem ewigen Feuer gesprochen, mit dem der Teufel, die Dämonen und alle, die nicht erlöst werden können, vernichtet werden.[97] Eine ewige Qual der Verlorenen gibt es aber auf keinen Fall."

Meine Sitznachbarin stutzte. „Wirklich nicht?"

„In der Bibel heißt es mehrfach, dass Gott *selbst* ein verzehrendes Feuer ist.[98] Damit ist die Herrlichkeit Gottes gemeint, die für sündige Menschen wie ein vernichtendes Feuer wirkt."

„Wie geschieht denn das?"

„Gott besitzt eine enorme Ausstrahlung oder Herrlichkeit. Wer nicht in Harmonie mit ihm ist, für den ist sie unerträglich. Deshalb wird in der Bibel betont, dass wir Menschen heute seine unmittelbare Gegenwart nicht ertragen können,[99] obwohl er sich die Gemeinschaft mit uns wünscht. Wir würden quasi verglühen oder verdampfen."

„Also müssen wir doch Angst vor Gott haben, weil er uns vernichtet", warf Frau Naumann ein.

„Wer kein reines Verhältnis zu Gott hat, wird und muss durchaus Angst vor ihm haben. So war das ja bereits bei Adam und Eva.[100] Nur die Liebe zu Gott kann diese Angst vertreiben.[101] Wenn wir ihn lieben, brauchen wir keine Angst vor ihm zu haben, weil er uns erlösen will und kann. Wer zur Harmonie mit Gott gelangt ist, braucht ihn daher weder zu fürchten noch Angst vor seiner Herrlichkeit zu haben. Sonst könnten auch die erlösten Menschen auf der neuen Erde die

---

[97] Matthäus 25,41; Offenbarung 20,10
[98] 2. Mose 24,17; 5. Mose 4,24; Hebräer 12,29
[99] 2. Mose 33,18.20; 1. Timotheus 6,16
[100] 1. Mose 3,10
[101] 1. Johannes 4,18

Gegenwart Gottes nicht ertragen. Sie werden aber Gott und Christus sehen, wie er wirklich ist, sagt die Bibel."[102]

„Zu der neuen Erde habe ich auch noch Fragen", warf meine Gesprächspartnerin ein.

„Die können wir gern gleich besprechen, wenn wir die Frage geklärt haben, wie die verlorenen Menschen umkommen werden.

Die vernichtende Wirkung der Herrlichkeit Gottes werden sie bereits bei der Wiederkunft erleben.[103] Jesus kündigte seinen Jüngern an, dass er mit göttlicher Herrlichkeit auf diese Erde zurückkehren wird.[104] Seine dann lebenden treuen Nachfolger werden verwandelt und die verstorbenen Gläubigen wieder auferweckt werden. Alle zusammen werden in den Himmel aufgenommen.[105]

Die anderen Menschen aber, die keine Vertrauens- und Liebesbeziehung zu Christus besitzen, werden zwangsläufig umkommen, weil sie seine Herrlichkeit nicht ertragen können. Sie werden sterben.

Vielleicht hilft Ihnen ein Beispiel, das besser zu verstehen. Die größte Energiequelle, die wir kennen, ist die Atomenergie. Man kann viel Gutes mit ihr bewirken, zum Beispiel Strom erzeugen oder Schiffe antreiben. Wenn wir aber ungeschützt radioaktiver Strahlung ausgesetzt sind, sterben wir zwangsläufig. Es handelt sich bei dem Tod der Verlorenen also um die tragische Folge aus dem Zusammentreffen von menschlicher Sündhaftigkeit und der Ausstrahlung oder Herrlichkeit Gottes. Und da Gott ewig ist, wird von einem ‚ewigen' Feuer gesprochen".[106]

---

[102] 1. Johannes 3,2
[103] 2. Thessalonicher 1,6–9
[104] Matthäus 16,17; 24,30; 25,31
[105] Johannes 14,3; Matthäus 24,31; 1. Thessalonicher 4,15–17
[106] Jesaja 33,14; Matthäus 25,41

„Also ist es gar nicht Gott, der Menschen absichtlich vernichtet", schlussfolgerte Frau Naumann.

„Ja und nein", schränkte ich ein. „Manchmal hat Gott in der Vergangenheit eingegriffen und dafür gesorgt, dass böse Menschen sterben, damit andere von ihnen nicht länger negativ beeinflusst werden. Das war bei der Sintflut der Fall, in Sodom und Gomorra und bei manchen Feinden des Volkes Israel.[107] Aber Gott gibt *allen* Menschen erneut das Leben.[108] Er weckt einmal alle wieder auf – auch die, die bei der Wiederkunft Christi umkommen, weil sie dessen Herrlichkeit nicht ertragen können. Das geschieht aber erst bei der Auferstehung zum Gericht."[109]

„Und was passiert dann?"

„Dann wird das Endgericht gehalten. Gott wird allen Menschen, die nicht mit ihm ins Reine gekommen sind, zeigen, inwiefern sie sein Erlösungsangebot ausgeschlagen haben und worin ihre Schuld besteht – warum sie also verlorengehen. Wenn er seine Urteile begründet hat, wird er erneut seine ganze Herrlichkeit offenbaren. Sie wird dann jene Menschen für immer vernichten. Aber dieser Akt dauert nicht ewig. Nur die Konsequenzen sind von ewiger Dauer. Alle, die nicht mit Gott ins Reine gekommen sind, werden dann ewig tot sein."

„Aber was ist denn jetzt mit der Hölle?", wollte Frau Naumann wissen. „Kommen die ... – wie soll ich sie nennen?"

„Am besten passt wohl: die Verlorenen."

„Kommen also die Verlorenen danach in die Hölle?"

---

[107] 1. Mose 7,17.21–23; 1. Mose 19,24.25; 2. Mose 14,26–28; 2. Könige 19,35
[108] 1. Korinther 15,22–24
[109] Johannes 5,28.29; 2. Korinther 5,10

„Nein. Es gibt überhaupt keine Hölle im landläufigen Sinne, wo die Verlorenen ewig gequält werden. Das ist eine katholische Tradition."

„Steht denn davon wirklich nichts in der Bibel?"

„Man kann manche Bibeltexte in der Hinsicht missverstehen, die meist in bildhafter Weise das Schicksal der Verlorenen darstellen.[110] Die Verfasser der Bibel haben manchmal drastische Ausdrucksweisen verwandt, weil Menschen durch unterschiedliche Motivationen angesprochen werden sollen. Manche ordnen ihr Verhältnis zu Gott, weil sie Angst vor ihm haben, und entdecken dann, dass er ein liebenswürdiger Gott ist, vor dem sie keine Angst zu haben brauchen.

Wo in der Bibel Klartext steht, wird deutlich, dass die Verlorenen nicht ewig gequält werden.[111] In Offenbarung 20 heißt es zum Beispiel: ‚Es fiel Feuer vom Himmel und *verzehrte* sie.'[112] Dieses Feuer ist – wie erwähnt – die Herrlichkeit Gottes.[113] Weil die Verlorenen nicht in Harmonie mit Gott sind, können sie seine Herrlichkeit nicht ertragen und sterben für immer.

Diejenigen, die sich am meisten gegen Gott verhärtet haben, werden der Herrlichkeit Gottes den größten Widerstand entgegensetzen und daher am längsten leiden. Daraus folgt, dass Satan gerechterweise am längsten leiden wird. Aber auch er wird letztlich durch Gottes Herrlichkeit vernichtet werden."

Meine Nachbarin dachte eine Weile nach. „So, wie Sie das darstellen, kann ich es gut nachvollziehen. Mir ging gerade durch den Kopf: Wenn die Verlorenen tatsächlich ewig gequält würden, würde die Hölle gleichzeitig mit dem neuen Paradies existieren. Auf der neuen Erde könnte man das ewige Leben nicht

---

[110] Matthäus 13,41.42; 25,41.46; Offenbarung 20,10
[111] Maleachi 3,18.19.21
[112] Offenbarung 20,9b
[113] Jesaja 33,14

recht genießen, wenn nebenan unsere Verwandten oder Freunde Höllenqualen erleiden. Das wäre ja wie Folter im Paradies."

„Da haben Sie Recht. Und wie sollte das alles zum liebevollen Charakter Gottes passen? Das ist für mich das überzeugendste Argument", erklärte ich. „Ich bin in letzter Zeit sehr skeptisch geworden gegenüber allen Erklärungen oder Bibelauslegungen, bei denen Gott in ein schlechtes Licht gerückt wird. Wenn ich dann in der Bibel geforscht und nachgedacht habe, habe ich meist eine bessere Erklärung gefunden."

„Was mich immer noch beschäftigt, ist: Muss ich denn nun vor Gott Angst haben oder nicht?" Frau Naumann sah mich erwartungsvoll an.

Ich überlegte einen Moment, wie ich es am besten sagen konnte. „Vor Gott sicher nicht, höchstens vor den Folgen, wenn Sie nicht mit ihm ins Reine kommen, bevor Sie sterben. Wenn wir durch Christus mit Gott versöhnt und damit in Harmonie sind, können wir nach der Auferstehung in der Gegenwart Gottes bestehen und uns des ewigen Lebens erfreuen."

11

Mehr als Schönheits-Chirurgie –
Die Auferstehung der Gläubigen

Eine Weile schwieg sie. Es schien, als ob mit der Beantwortung jeder Frage immer wieder neue Fragen entstanden. Eine davon stellte sie nun: „Sie sprachen vorhin von der Auferstehung der Toten. Wie muss ich mir das vorstellen? Sie werden nicht bloß als Geistwesen umherschweben – oder?"

„Bestimmt nicht. Als Jesus nach seiner Auferstehung seinen Jüngern begegnete, hat er sie aufgefordert, ihn anzufassen, damit sie im wörtlichen Sinne be-greifen, dass er kein Geistwesen war. Er hat auch mit ihnen gegessen, um ihnen zu beweisen, dass er immer noch ein Mensch aus Fleisch und Blut war."[114]

„So wie vorher?"

„Ja. Dies zeigt im Übrigen, wie groß seine Liebe zu uns war. Er hat sich auf ewig mit uns Menschen verbunden, als er als Baby auf diese Welt kam. Als unser Mittler bei Gott besitzt er immer noch seine menschliche Gestalt, wenn er jetzt im Himmel neben dem Vater thront."[115]

„Aber ich verstehe nicht, wie das mit der Auferstehung bei uns Menschen geschehen soll."

Ich überlegte eine Weile, aber mir fiel keine passende Veranschaulichung ein. Dann sagte ich: „Manche Fernsehsender bieten Frauen mit erheblichen körperlichen Unvollkommenheiten an, für sie die Schönheitsoperationen zu bezahlen, wenn sie die Veränderungen im Fernsehen zeigen dürfen."

„Ja, davon habe ich gelesen, mir das aber nie angesehen."

„Eine dieser Sendungen habe ich verfolgt. Am Ende wurde gezeigt, wie der Familie das Ergebnis vorgeführt wurde. Alle waren von der unglaublichen Veränderung der Frau zu Tränen gerührt. Die Zuschauer konnten sie vorher und nachher nebeneinander sehen. Es war schon beeindruckend.

Aber selbst diese enorme Veränderung ist nicht entfernt das, was bei der Auferstehung der Christen geschieht. Zwar ist Auferstehung der geläufige Begriff dafür und in Bezug auf Christi Erfahrung der Aufer-

---

[114] Lukas 24,39–43
[115] 1. Timotheus 2,5.6

weckung vom Tod passt er auch, aber in Bezug auf die erlösten Gläubigen wäre es treffender, von einer Neuschöpfung zu sprechen, denn sie erhalten von Gott tatsächlich einen völlig neuen Körper."[116]

„Wird der so ähnlich sein wie unser Körper heute oder völlig anders?"

„Paulus schrieb, dass die Menschen dann Jesus Christus nach dessen Auferstehung gleichen werden.[117] Sie werden einen so vollkommenen Körper besitzen wie Adam und Eva im Paradies. Das Beste wird dabei sein: Wer alt, krank, gebrechlich oder hässlich war, wird dann gesund und schön sein und in voller Blüte des Menschseins stehen.

Vor allem werden wir viele unserer Lieben in die Arme schließen können und mit vielen Freunden ein Wiedersehen feiern."

„Werden wir uns denn wiedererkennen, wenn wir als alte Menschen gestorben sind und dann wieder jung und attraktiv aussehen?"

„Bei einigen Personen mag das eine Weile dauern, ähnlich wie es uns heute ergeht, wenn wir jemanden eine lange Zeit nicht gesehen haben. Da Gott aber die Persönlichkeit der Auferstandenen wiederherstellt, wird sie sich in charakteristischen Gesichtszügen ausdrücken, die wir wiedererkennen."

„Sie sind ein Schwärmer", platzte es aus Frau Naumann heraus. „Verzeihung, aber ich kann das nicht glauben. Wie soll denn das möglich sein? Wenn ein Mensch ein paar hundert oder gar tausende Jahre in der Erde gelegen hat, ist doch nichts mehr von ihm übrig. Dann ist er völlig verwest und manche seiner Bestandteile stecken ganz woanders drin. Wie kann er dann wieder lebendig und zu derselben Person

---

[116] 1. Korinther 15,35.38
[117] Philipper 3,21

werden, die er vorher einmal war? Das geht doch nicht!"

„Sie haben völlig Recht: Rein menschlich gesehen ist das unmöglich – genauso unmöglich, wie Gott die ersten Menschen erschaffen konnte. Doch er hat es offensichtlich getan, sonst gäbe es uns nicht. Wenn er sie aus ungeordneter Materie bilden konnte, kann er auch die Erlösten mit ihren Körpern völlig neu erschaffen und ihnen die Persönlichkeit wiedergeben, die sie in diesem Leben entwickelt haben. Er ist dabei in keiner Weise auf die Bestandteile angewiesen, aus denen wir heute bestehen. Welche sollte er auch nehmen? Biologen sagen uns, dass sich die Bestandteile des menschlichen Körpers alle paar Jahre austauschen.

Selbst wir Menschen können heute mit unseren technischen Möglichkeiten enorme Datenmengen speichern und Ungewöhnliches zustande bringen. Denken Sie an das geklonte Schaf Dolly: Die Erbmasse einer einzigen Zelle reichte aus, um ein fast identisches Tier entstehen zu lassen. Und Gott kann noch viel mehr! Er kann alle nötigen Daten über jeden Menschen, der einmal gelebt hat, in seinem ‚Gehirn' speichern. Und als Schöpfer hat er kein Problem, jeden einzelnen wieder neu zu erschaffen. Einzig und allein die Information über denjenigen ist dazu nötig, nicht die materiellen Bestandteile. Es geht eben tatsächlich um eine Neuschöpfung,[118] nicht um eine Auferweckung zum ewigen Leben", hob ich nochmals hervor.

---

[118] Offenbarung 21,5

12

Der Tsunami von Hilo –
Die Wiederkunft Christi

„Und wann soll diese – was sag ich denn nun?"

„Christen nennen es wie die Bibel Auferstehung."

„Wann also soll diese Auferstehung stattfinden?"

„Wenn der Sohn Gottes als König des Universums auf diese Erde zurückkehrt. Er selbst hat seinen Jüngern angekündigt, er werde als ‚Menschensohn' mit göttlicher Herrlichkeit erscheinen. Alle Menschen werden ihn am Himmel sehen. Die Heerscharen der treuen Engel werden ihn begleiten und durch eine Art Posaunenschall auf sein Kommen aufmerksam machen.[119] Deshalb wird kein lebender Mensch dieses Ereignis verpassen."

„Und was passiert dann?"

„Die Menschen aller Zeitalter, die zur Harmonie gelangt sind mit Gott, werden neu erschaffen und nie mehr sterben. Und die treuen Nachfolger von Jesus, die bei seiner Wiederkunft auf der Erde leben, werden lebendig verwandelt werden und ebenfalls einen neuen Körper bekommen."[120]

„Und was geschieht mit den übrigen Menschen?"

„Die anderen Verstorbenen bleiben bis zur zweiten Auferstehung tot.[121] Und über die Wirkung der Herrlichkeit des Sohnes Gottes auf die Menschen, die ihn nicht als Erlöser und Herrn angenommen haben, haben wir bereits gesprochen."

---

[119] Matthäus 24,30.31
[120] 1. Thessalonicher 4,16.17; 1. Korinther 15,51–53
[121] Offenbarung 20,5.13

„Ach ja: Sie werden die Herrlichkeit Christi nicht ertragen können und sterben."

„Wie alle Toten werden sie dann ohne Bewusstsein sein, aber bei der zweiten Auferstehung mit dabei sein."

„Wozu diese zweite Auferstehung? Bekommen sie eine zweite Chance, um sich für Christus zu entscheiden?"

„Nein, das wird in der Bibel klar ausgeschlossen.[122] Jeder hat nur bis zu seinem Tod Zeit, sein Verhältnis zu Gott in Ordnung zu bringen. Er gibt jedem die Chance dazu – das wird er im Gericht beweisen. Jesus nannte deshalb diese zweite Auferstehung die ‚Auferstehung des Gerichts'.[123] Alle verlorenen Menschen werden im Endgericht anwesend sein."

Sie musterte mich eine Weile. Dabei legte sie ihre Stirn in Falten: „Sie wollen mir allen Ernstes erzählen, dass die Welt so zu Ende geht? Einen Atomkrieg kann ich mir ja noch vorstellen oder dass das Ozonloch irgendwann so groß wird, dass kein menschliches Leben mehr auf der Erde möglich ist. Aber so etwas wie die Wiederkunft Christi – das klingt zu phantastisch, wie in einem Fictionfilm."

„Verständlich. Es ist ja auch ein ungewöhnliches und noch nie dagewesenes Ereignis. Aber das ist kein stichhaltiges Argument, dass es nicht geschehen kann. Es gibt sogar ein Vorbild dafür, auf das Christus selbst verwiesen hat: die Sintflut.[124] Gott hatte sie durch Noah ankündigen lassen, aber niemand hatte so etwas je zuvor erlebt, auch nicht in Ansätzen.

Die einzigen Anzeichen, dass diese Flut tatsächlich kommen würde, waren die Verkündigung der Warnungsbotschaft und das Angebot, durch die Arche gerettet zu werden. So wird es auch bei der Wieder-

[122] Hebräer 9,27
[123] Johannes 5,29
[124] Matthäus 24,37–39

kunft Christi sein: Treue Christen werden allen verkündigen, dass er und das Gericht kommen werden, und auf die Möglichkeit hinweisen, durch ihn erlöst zu werden.

Uns heute sollte es doch leichter fallen, der Botschaft Gottes zu glauben, als den Menschen damals vor der Sintflut, denn sie hat ja tatsächlich stattgefunden – davon sind auch immer mehr Wissenschaftler überzeugt. Und *wir* haben ja viele Beispiele dafür, dass sich Gottes Vorhersagen erfüllen."

„Die Geschichte mit der Sintflut klingt für mich auch unglaubwürdig."

„Es gibt inzwischen zahlreiche geologische Hinweise in vielen Teilen der Erde auf solch ein sintflutartiges Ereignis. Und in vielen alten Völkern kursierten Berichte darüber, ähnlich wie es in der Bibel steht. Ich möchte Ihnen dazu jedoch ein modernes Beispiel erzählen.

Vor einiger Zeit habe ich im Fernsehen einen Bericht über riesige Flutwellen, so genannte Tsunamis gesehen. Das Wort bedeutet ‚große Welle im Hafen'. Es ging um die kleine Hafenstadt Hilo auf Hawaii. Die Menschen dort hatten jahrhundertelang unbekümmert gelebt, weil sie noch nie einen Tsunami erlebt hatten. Doch plötzlich entstand am 1. April 1946 eine riesige Welle.

Die einzige Vorwarnung bestand darin, dass sich das Meer zuerst zurückzog und den Meeresboden freilegte. Die Einwohner von Hilo fanden das kurios und liefen hinaus, um herumliegende Fische einzusammeln. Doch dann türmte sich wie aus dem Nichts eine riesige Flutwelle vor der Küste auf und brach über sie herein. 159 Menschen starben. Überlebende berichteten, die Flutwelle sei 30 Meter hoch gewesen. Sie richtete eine große Zerstörung an und war durch ein entferntes Seebeben ausgelöst worden.

Als Folge dieser Katastrophe errichtete die amerikanische Regierung ein Tsunami-Frühwarnsystem. Dazu gehörten unter anderem Sirenen, die auch in Hilo installiert wurden.

Im Mai 1960 ereignete sich vor Chile ein großes Seebeben. Man konnte ziemlich genau vorhersagen, wie viele Stunden später Hawaii von einer Flutwelle getroffen würde. Die Sirenen in Hilo wurden ausgelöst, damit sich alle in Sicherheit bringen konnten. Sie hatten seit ihrer Installierung bereits des Öfteren geheult, aber die Wellen hatten sich immer als verhältnismäßig harmlos erwiesen. Deshalb hatten es sich die Einwohner angewöhnt, beim Sirenenton zum Hafen zu laufen. Sie wollten die großen Wellen bestaunen. So war es auch in jener Mainacht.

Tatsächlich waren die ersten beiden Wellen nicht besonders groß. Die dritte aber war eine so genannte Killerwelle. Sie soll über 10 Meter hoch gewesen sein. Erneut wurde der Ort weitgehend zerstört und viele Menschen verloren ihr Leben, weil sie an der Küste standen."

„Wenn so etwas passiert, hat man keine Chance", sinnierte Frau Naumann und sah sichtlich betroffen auf den Boden.

„Doch. Einer der Hafenarbeiter, der in diesem Fernsehbericht interviewt wurde, hatte überlebt, weil er rechtzeitig in ein Schiff geklettert und hinausgefahren war. Das war seine Arche. Das Schiff überstand den Tsunami, weil der sich nur in Ufernähe zu einer riesigen Welle auftürmt.

Wie bei der Sintflut zur Zeit Noahs waren auch die Menschen von Hilo gewarnt worden. Aber sie konnten sich nicht vorstellen, dass eine solche Katastrophe tatsächlich noch einmal über sie hereinbrechen würde. Ich fürchte, bei der Wiederkunft Christi wird es vielen ähnlich gehen."

„Vielleicht brauchen auch wir eine Art Arche, um dieses Ereignis zu überstehen."

„Ja, bestimmt. Die Kirche oder Gemeinde Gottes wird in Liedern manchmal mit einem Schiff verglichen, in dem man sicher ist. Ich halte das für ein schönes Bild. Wir dürfen jedoch nicht meinen, dass uns eine formelle Zugehörigkeit zu einer Kirche für die neue Erde rettet. Dazu ist es nötig, dass wir uns bewusst Christus anvertrauen, mit ihm leben und uns durch ihn verändern lassen."

„Ja, das sagten Sie schon."

13

3-D-Kinos im Himmel –
Die tausend Jahre und das Gericht Gottes

Wir sahen beide eine Weile aus dem Fenster und betrachteten die Sterne. Ich ahnte etwas von der Unendlichkeit des Alls und spürte zugleich die Nähe Gottes. Ob sie vielleicht ähnlich empfand?

„Wenn es die Wiederkunft Christi wirklich gibt, was passiert dann danach? Und wie stellen Sie sich das ewige Leben vor? Ewig ist ganz schön lange. Wird das nicht langweilig?"

„Keinesfalls. Nach dem, was wir aus der Bibel erfahren, werden wir uns bestimmt nicht langweilen. Wir werden Freunde und Angehörige wieder sehen, viele interessante Menschen kennenlernen und neue Freundschaften schließen. Wir werden unsere Fähigkeiten einsetzen und auch produktiv sein.[125] Wir können Arbeiten verrichten, die uns Freude machen. Und dabei werden wir nicht ermüden.

---

[125] Jesaja 65,17–19.21

Vor allem werden wir Gott, den Vater, und Jesus Christus noch viel besser kennenlernen.[126] Wenn er uns die Durchführung der Erlösung und die Zusammenhänge der Auseinandersetzung mit Satan erklärt, werden wir ihn umso mehr lieben. Ich freue mich darauf, eine Predigt von ihm zu hören.

Außerdem werden wir zu anderen Planeten im Universum reisen und deren Bewohner besuchen. Wir können uns mit ihnen über die Ereignisse auf der Erde unterhalten, die sie mit angesehen haben, sozusagen im intergalaktischen Fernsehen, Kanal E-R-D-E."

„Das klingt tatsächlich interessant. – Vorhin sagten Sie, dass es noch eine zweite Auferstehung geben wird, die mit dem Gericht zu tun hat. Ich verstehe noch nicht, wie das alles ablaufen soll. Und wie geht das Gericht vor sich?"

„Das Gericht ist sehr wichtig, um Gott besser zu verstehen, weil es dabei vor allem um seine Rechtfertigung geht."

„Um die Rechtfertigung Gottes?" Meine Nachbarin runzelte wieder einmal ihre Stirn.

„Ja. Das hat mit den vielen Lügen und Verleumdungen zu tun, die Satan über Gott verbreitet hat. Viele Menschen glauben sie und erheben Anklagen gegen Gott. Auch gläubige Christen haben manche Fragen an Gott, etwa warum er dieses getan oder jenes unterlassen hat. Vor allem werden die Erlösten wissen wollen, weshalb manche ihrer Angehörigen oder Freunde nicht errettet wurden."

„Das ist natürlich eine bewegende Frage."

„Gott wird sich viel Zeit nehmen, um sich zu rechtfertigen und sein Handeln zu erklären. Das wird in der Bibel das ‚Gericht Gottes' genannt. Die meisten Menschen denken dabei, Gott würde alles unternehmen,

---

[126] 1. Korinther 13,12

um die Schuldigen zu verurteilen. Aber so ist es nicht. Dann sähe es nämlich mit unseren Chancen, ewig zu leben, schlecht aus.

Vielmehr geht es im Gericht darum, dass *über Gott* und sein Handeln geurteilt wird, denn das letztgültige Urteil über seinen Charakter steht noch aus. Luzifer hat ihn ja verleumdet. Alle Beweise werden dann auf den Tisch gelegt und alle Entscheidungen Gottes überprüft.

Es ist klar: Gott braucht die Beweise und das Gerichtsverfahren nicht, um zu seinen Entscheidungen über unsere Erlösung zu kommen, aber *wir* und die Engel brauchen sie, um uns über den Charakter Gottes und die Gerechtigkeit seiner Entscheidungen völlig klarzuwerden.

Es wird sich in dem dreiteiligen Gerichtsprozess herausstellen, dass Gott tatsächlich in allen Fällen liebevoll, barmherzig und gerecht gehandelt hat. Dass es daran eine Menge Zweifel gibt, ist mir bewusst. Auch ich habe da einige Fragen."

„Sie sagten ‚dreiteiligen Gerichtsprozess'. Was meinen Sie damit?"

„Es geht dabei um drei verschiedene Gruppen. In der ersten Gerichtsphase rechtfertigt sich Gott vor den Engeln und vor Satan bezüglich der Errettung aller Erlösten."

„Wieso ist denn das nötig – vor Satan, diesem Schuft?", fragte Frau Naumann etwas entrüstet.

„Zum einen, weil er alle Menschen als sein Eigentum betrachtet, denn *jeder* Mensch ist in seinem Leben des Öfteren Satans Prinzipien gefolgt. Manche haben gegen Gott rebelliert oder sich sogar offen auf Satans Seite gestellt. Weil wir alle – im biblischen Sprachgebrauch – gesündigt und Schuld auf uns geladen haben, behauptet Satan, dass Gott uns auf keinen Fall ewiges Leben geben darf, wenn er gerecht ist.

Anderenfalls müsste er auch ihm – Satan – und dessen Anhängern vergeben und sie am Leben lassen.

Die loyalen Engel beschäftigt eine andere Frage. Vor allem durch die Vorgänge um die Kreuzigung Christi haben sie ja bereits erkannt, wohin eine Rebellion gegen Gott letztlich führt und welche Motive Satan antreiben. Sie sind auf diese Weise in ihrer Loyalität gegenüber Gott gefestigt worden. Aber sie möchten natürlich nicht, dass es jemals wieder zu einem Aufruhr im Himmel kommt. Und wenn Gott vielen Menschen das ewige Leben geben will, die einst gegen ihn rebelliert haben, dann besteht ja die reale Gefahr, dass das erneut geschieht."

„Ja, durchaus."

„Gott muss also erklären, wie er Menschen das ewige Leben schenken kann, ohne dass sie auf der neuen Erde ein Sicherheitsrisiko darstellen werden."

„Das stelle ich mir nicht einfach vor."

„Ist es auch nicht. Ich möchte nicht in der Lage Gottes sein, denn auch die Erlösten besitzen weiterhin Entscheidungsfreiheit."

„Und wie schafft er es, Satans Ansprüche abzuwehren und die treuen Engel zu beruhigen?"

„Hier spielt Jesus Christus als unser Stellvertreter und Anwalt eine entscheidende Rolle. Wenn wir ihm quasi unseren Fall übertragen haben, indem wir ihn als unseren Erlöser angenommen haben und ihm unsere Vergehen und Sünden bekennen, dann kann er gegenüber Satan darauf verweisen, dass all das, was der gegen uns – zu Recht – vorbringt, im Himmel bereits bekannt ist. Christus kann dann die Verdienste seines Opfers für uns geltend machen und darauf verweisen, dass *er* die Strafe für uns bereits am Kreuz bezahlt hat durch seine Leiden und seinen Tod."

„Das verstehe ich schon, denn das Prinzip hatten Sie bereits erklärt: Es können nicht zwei für das Vergehen einer Person bestraft werden."

„Und deshalb kann uns vergeben werden. Die Prinzipien, um die es bei unserer Erlösung geht, sind doch
einleuchtend, nicht wahr?"

„Das wird mir tatsächlich mehr und mehr klar."

„Ich erwähnte eben, dass noch ein zweiter
Punkt eine wichtige Rolle spielt – sowohl für die
treuen Engel als auch gegenüber Satan. Stichwort:
Sicherheitsrisiko."

„Jetzt bin ich aber gespannt."

„Christus kann unseren Fall nur erfolgreich durch-
fechten, wenn er darauf verweisen kann, dass wir
längst nicht mehr so sind, wie Satan es behauptet,
sondern wir uns verändert haben[127] und jetzt anders
handeln würden, nämlich ähnlich wie Jesus auf Erden:
liebevoll, barmherzig, mitfühlend und selbstlos.[128]
Um das zu beweisen, wird er Zeugen aufrufen, nämlich unsere Schutzengel.

Ich stelle mir vor, wie Satan mit seinen Engeln
berät, was sie noch gegen mich vorbringen können.
Doch wenn ich meine Verfehlungen stets Christus
bekenne[129] und ihm gestatte, mich von sündigen
Gewohnheiten zu befreien,[130] mich durch den Heiligen Geist zu verändern[131] und mich mit seiner Liebe
zu erfüllen,[132] dann wird Satan keine Argumente mehr
finden. So verschafft uns Gott Recht und kann uns
ewiges Leben anvertrauen."[133]

„Das ist aber ein sehr hoher Maßstab. Können wir
denn tatsächlich jemals so weit kommen?"

---

[127] 1. Korinther 6,9–11
[128] Matthäus 25,31–40
[129] 1. Johannes 1,9; 2,1.2
[130] Johannes 8,34–36
[131] Hesekiel 36,26.27; Galater 5,22.23
[132] 1. Johannes 4,7.16; Römer 13,8.10
[133] Daniel 7,9.10.22.27

„Nein, *wir* nicht", sagte ich nachdrücklich.

Frau Naumann sah mich ratlos an.

„Es geht in unserer Erlösung nicht darum, was *wir* schaffen können, sondern darum, was Christus *für* uns tut und was der Heilige Geist *in* uns zustande bringt", erklärte ich. „Entscheidend ist, dass wir dafür offen sind. Mir gefällt die Aussage einer christlichen Autorin, die dem Sinne nach schrieb: ‚Wenn ich auf mich selbst blicke, weiß ich nicht, wie ich erlöst werden kann; wenn ich aber auf Christus blicke, dann weiß ich nicht, wie ich verlorengehen kann.' Das rufe ich mir manchmal ins Gedächtnis, wenn ich über mich und meine Fehler traurig und entmutigt bin."

„So habe ich das noch nie gesehen."

„Was den hohen Maßstab anbetrifft, fordert Gott von uns *nur*, dass wir das ganz in Anspruch nehmen, was Christus bereits für uns getan hat und was der Heilige Geist noch in uns bewirken will. Dabei ist nichts unsere eigene Leistung, nichts, auf das wir einmal stolz sein könnten.[134] Deshalb werden die Erlösten allein Gott und Christus die Ehre geben. Niemand wird sich auf der neuen Erde hinter einen Busch stellen, sich selbst auf die Schulter klopfen und sagen: ‚Das hast du gut gemacht, dass du hier bist.'"

Meine Nachbarin schmunzelte. „Das hat also wirklich nichts mit meiner Leistung zu tun?"

„Nein, es ist Gottes Werk in uns. Um der Sicherheit des Universums willen muss er aber einen hohen Maßstab anlegen. Dabei spielt die innere Harmonie mit den Prinzipien des Gesetzes Gottes,[135] die Liebe zu ihm und der Gehorsam[136] aus Vertrauen in die Weisheit seiner Gebote die entscheidende Rolle.

---

[134] 1. Korinther 1,27–31
[135] Hebräer 8,10
[136] 1. Korinther 16,22; Matthäus 7,21

In Bezug auf alle Erlösten wird Gott die loyalen Engel davon überzeugen können, dass sie kein Sicherheitsrisiko darstellen, wenn sie auf die neue Erde kommen. Und da es dort Satan nicht mehr geben wird, kann auch niemand auf subtile Weise verführt werden."

„Das ist gut so."

„Die Tatsache, dass die Erlösten andere Menschen geworden sind und ihr Hauptmotiv nun Liebe statt Selbstsucht ist, ist das entscheidende Argument, mit dem Gott Satans Anspruch zurückweisen kann, er müsse auch ewig leben dürfen, wenn Gott uns Sündern ewiges Leben gebe. Satan und dessen Anhänger haben sich aber offensichtlich nicht geändert – und damit fehlt ihnen jegliche Eignung für das ewige Leben."

„Und was ist mit den anderen Phasen des Gerichts?"

„Nur noch zwei Sätze zur ersten Phase: Sie muss natürlich *vor* der Wiederkunft Christi stattfinden, da dann bereits die endgültige Trennung zwischen erretteten und verlorenen Menschen stattfindet. Eine biblische Prophetie aus dem Buch Daniel zeigt uns, dass die erste Gerichtsphase bereits seit 1844 im Gange ist."

„Tatsächlich? Kann man also doch das Weltende berechnen?"

„Nein, keinesfalls, denn es gibt keine Angabe darüber, wie lange sie dauern wird. Lediglich über den Beginn des Gerichts hat uns Gott etwas offenbart. Jesus hat seinen Jüngern deutlich gesagt, dass wir den Zeitpunkt seines Kommens nicht herausfinden können. Nicht einmal er selbst kennt ihn, sondern nur sein Vater.[137] Alle Spekulationen über den Zeitpunkt der Wiederkunft von Jesus Christus sind also müßig."

---

[137] Matthäus 24,36; Apostelgeschichte 1,6.7

„Aber sicher können Sie mir sagen, wie man ausgerechnet auf das Jahr 1844 für den Beginn des Gerichts kommt."

„Das kann ich, aber möchte es jetzt nicht."

Verwundert sah mich Frau Naumann an: „Wieso denn nicht?"

„Weil es sich um die wohl komplizierteste biblische Vorhersage handelt, die sich bisher erfüllt hat. Wir müssten drei Kapitel des Buches Daniel studieren[138] sowie einige geschichtliche Fakten und dazu einige Diagramme aufstellen, bis Ihnen das einleuchten würde. Selbst versierte Bibelkenner haben da ziemliche Schwierigkeiten und es steckt eine lange Geschichte dahinter, wie einige Bibelforscher im 19. Jahrhundert auf dieses Jahr gestoßen sind. Ganze Bücher sind darüber geschrieben worden. Vielleicht hätte ich das besser nicht erwähnen sollen. Ich hoffe, Sie verstehen, dass es heute zu weit führen würde, wenn ich Ihnen das auch noch erklären würde. Für die Fragen, die wir hier behandeln, spielt der Beginn des Gerichts ja keine wesentliche Rolle."

„Okay, lassen wir diese Sache auf sich beruhen", sagte meine Gesprächspartnerin zögernd. „Aber Sie wollten mir noch etwas über die anderen beiden Gerichtsphasen erklären."

„Ja, gern. In der zweiten Phase *nach* der Wiederkunft geht es um die Rechtfertigung Gottes vor den erlösten Menschen. Auch sie werden eine Menge Fragen haben, vor allem nach ihren Verwandten und Freunden, die sie vermissen. Also werden dann die Fälle aller verlorenen Menschen aufgerollt. Christus selbst wird der Richter sein und die erlösten Menschen werden in dieser Gerichtsphase als Beisitzer

---

[138] Daniel 7 bis 9; siehe William H. Shea, *Das Buch Daniel, Teil 2*, Advent-Verlag, Lüneburg 1998f., Kap 2–5.

fungieren.[139] Darin liegt übrigens der Grund, weshalb ich davon überzeugt bin, dass Gott seine Urteile im Prinzip einem Revisionsverfahren unterwirft."

„Ich glaube, dass ich ganz schön weinen werde, sollte ich dabei sein, denn es gibt so viele liebe Menschen in meinem Umkreis, die nicht an Gott glauben. Und wahrscheinlich werde auch ich eher zu den Verlorenen gehören, wenn ich den hohen Maßstab bedenke." Sie stockte und sah plötzlich sehr traurig aus.

Ich schwieg und beobachtete sie. Sie kämpfte mit den Tränen. Schließlich nahm sie ein Taschentuch und schnäuzte sich.

„Das muss doch nicht sein", begann ich vorsichtig. „Die Entscheidung, ob Sie verlorengehen, liegt vor allem bei Ihnen. Gott liebt Sie und möchte Sie erretten. Sie müssen seine Erlösung nur annehmen und ihn wirken lassen."

„Ja, gut. Das kann ich mir noch überlegen." Meine Sitznachbarin rang mit ihrer Fassung. Schließlich sagte sie etwas gequält: „Und wie geht das im Gericht mit den Verlorenen dann vor sich?"

Ich überlegte, ob es sinnvoll war, mit dem Thema fortzufahren. Weil sie aber die konkrete Frage gestellt hatte, entschied ich mich, sie zu beantworten, bevor ich auf das Thema der persönlichen Erlösung näher einging.

„Waren Sie schon einmal in einem IMAX-Kino", fragte ich, „und haben dort einen Film quasi in drei Dimensionen gesehen?"

„Ja, das kenne ich. Man muss eine spezielle Brille aufsetzen und ist immer mitten drin im Geschehen."

„Ich stelle mir vor, dass so etwas Ähnliches von Gott benutzt wird, um den Erlösten die Fälle der Verlorenen vorzuführen. Wir werden nachverfolgen können, was

---

[139] Johannes 5,22.27; 1. Korinther 6,2.3; Offenbarung 20,4a

Gott alles getan hat, um einen Menschen zu erreichen und ihn dazu zu bewegen, sein Verhältnis zu ihm in Ordnung zu bringen und Christus als seinen Erlöser anzunehmen. Wir werden erfahren, warum zum Beispiel der eine oder andere unserer Verwandten und Freunde trotz allen Werbens Gottes die Erlösung nicht annehmen wollte."

„Mein Gott, wenn ich jetzt daran denke, wie mein Vater gegenüber Gott eingestellt war. Er ist verloren – ohne Zweifel", sagte Frau Naumann betreten.

„*Wir* wissen nicht genau, wer verlorengeht", erklärte ich, „denn wir können nicht in das Herz eines Menschen sehen. Wir wissen beispielsweise nicht, was ein Sterbender in den letzten Minuten seines Lebens entscheidet und Gott in einem stillen Gebet sagt. Es braucht nicht viel Zeit, um Christus und seine Erlösung anzunehmen. Das kann noch in der letzten Stunde eines Lebens passieren."

„Meinen Sie wirklich?"

„Ja, wir haben ein biblisches Beispiel dafür. Einer der Verbrecher am Kreuz neben Jesus hat sich auch erst in den letzten Stunden seines Lebens bekehrt und ihn um Errettung für die Ewigkeit gebeten. Und Jesus hat ihm auf der Stelle versichert, er werde einmal mit ihm im Paradies sein.[140] Eins ist auf jeden Fall sicher: Gott ist barmherzig und gerecht – und er will jeden Menschen retten."[141]

„Wenn nun aber jemand sein ganzes Leben lang nichts von Gott wissen wollte, ist es dann nicht unwahrscheinlich, dass er sich noch in der letzten Minute ihm zuwendet?"

„Wenn er gegenüber Gott völlig gleichgültig oder ablehnend ist, mag das sein. Aber solch ein Mensch

---

[140] Lukas 23,39–43; der Doppelpunkt in Vers 43 muss hinter das Wort „heute" gesetzt werden; vgl. Johannes 20,17.
[141] 1. Timotheus 2,4 EB

würde sich dann auch nicht in einer Welt wohlfühlen, in der Gott im Mittelpunkt steht. Er bekommt letztlich, was er in seinem Leben immer wieder haben wollte: Ruhe vor Gott. Das ewige Leben auf Gottes neuer Erde hat er ja nicht angestrebt."

„Das ist ein schwacher Trost", meinte meine Nachbarin.

Ich versuchte es auf einem anderen Weg: „Wie haben Sie sich vor hundert Jahren gefühlt?"

„Komische Frage. Ich habe mich überhaupt nicht gefühlt. Ich war ja noch gar nicht geboren."

„So stelle ich mir den Zustand der Verlorenen in der Ewigkeit vor. Sie werden weder Schmerz erleiden noch Freude erleben. Sie werden einfach nicht sein. Gott wird jeden Fall gerecht und barmherzig beurteilen.

Das wird sich in dieser Gerichtsphase herausstellen und am Ende werden alle Erlösten völlig überzeugt sein: ,Gott war geduldig, langmütig und liebevoll. Er hat gerecht entschieden.[142] Es lag nicht an ihm, wenn ein Mensch verlorengeht. Er hätte ihn zwingen müssen, sich retten zu lassen.' Aber Gott zwingt niemanden, weil das weder seinem Charakter entspricht noch etwas Positives bringt. Er respektiert unsere Entscheidung – auch wenn sie ihn traurig macht. Vertrauen und echte Liebe können nur auf Freiwilligkeit beruhen, wie wir festgestellt haben."

„Und wenn eine Person, die verlorengeht, überhaupt keine Chance hatte, zu Gott zu finden, was ist dann?", fragte Frau Naumann nach.

„Dann ist Gott dafür verantwortlich und nicht diese Person. Er wird eine Entscheidung treffen, die die Erlösten nachprüfen werden. Genau das wird eine der Fragen im Gericht sein: Hat Gott jedem Menschen eine faire Chance zur Errettung gegeben oder nicht?

---

[142] Offenbarung 15,4

Die Bibel sagt eindeutig: Gott will jeden Menschen retten, geht ihm deshalb nach[143] und klopft an seine Herzenstür.[144] Das macht er seit dem Sündenfall. Auch im Paradies suchte er die ersten Menschen, obwohl sie sich vor ihm verstecken wollten."[145]

„Als Kind fand ich es lustig, mir das vorzustellen: Adam und Eva verstecken sich vor Gott und der tut so, als wüsste er nicht, wo sie sind", erzählte meine Gesprächspartnerin. „Ich habe gedacht, das sei komisch. Wenn Gott alles weiß, muss er doch nicht nach ihnen suchen!"

„Das fand ich auch merkwürdig, bis mir bewusst wurde, dass Gott die beiden mit seinem Rufen zur Einsicht bringen wollte. Sie sollten selbst erkennen, wohin sie ihr falsches Handeln geführt hatte. Natürlich wusste er, wo sie waren, aber er tut eben alles, um unsere Vernunft und unsere Einsicht anzusprechen."

„Ja, so ergibt das Sinn."

„Wie ernst es Gott damit nimmt, dass alle Fragen geklärt und alle Zweifel ausgeräumt werden, können wir auch daran erkennen, dass er sich für die zweite Gerichtsphase viel Zeit nehmen wird. Die Bibel nennt 1000 Jahre.[146] Das bedeutet sicher nicht, dass wir 1000 Jahre lang jeden Tag in einem Gerichtssaal sitzen werden. Wir werden zu den Fällen gehen, die uns persönlich interessieren oder uns selbst betreffen, weil es um unsere Verwandten oder Freunde geht. Einige der Erlösten werden für den betreffenden Fall als Beisitzer ausgewählt,[147] andere werden Zuschauer des Verfahrens sein."

---

143 Lukas 19,10
144 Offenbarung 3,20
145 1. Mose 3,8.9
146 Offenbarung 20,4–7
147 Matthäus 19,28

„Aber ist das nicht auch eine Qual, mitzuerleben, wie gerade geliebte Menschen als verloren verurteilt werden?"

„Das ist sicher sehr schmerzlich und wir werden traurig sein, wenn Christus uns erklärt, warum er einen geliebten Menschen nicht erlösen konnte, obwohl er es gern getan hätte. Er hat ihn noch viel mehr geliebt als wir und wird deshalb noch trauriger sein als wir, weil alle seine Bemühungen umsonst waren. Auch wir werden sicher weinen und trauern, aber Gott wird uns trösten und unsere Tränen abwischen. So steht es ausdrücklich im Buch der Offenbarung.[148] – Sie haben mir erzählt, dass Sie ihren Vater und Ihren Mann verloren haben."

„Ja, warum?"

„Sie sind in der ersten Zeit danach sicher sehr traurig darüber gewesen, vielleicht sogar verzweifelt – verständlicherweise. Aber nach einem längeren Trauerprozess, der schmerzlich war, haben Sie doch anscheinend den Verlust verwunden und wieder angefangen, sich des Lebens zu freuen", sagte ich mit fragendem Unterton.

„Ja, so war es. Mit meiner Schwester in Pittsburgh hatte ich jetzt wieder viel Spaß, obwohl wir beide unseren Vater verloren haben. Sie haben Recht: Wir können über solche Verluste hinwegkommen und uns dann sogar zurückerinnern, ohne dass es schmerzt. – Aber ich habe noch eine andere Frage. Hat denn im Gericht noch jemand die Chance, dass sein Urteil von ‚verloren' in ‚erlöst' umgewandelt wird? Sie sagten ja, dass einige Erlöste immer als Beisitzer oder Schöffen agieren werden. Sie könnten doch Gott überstimmen, wenn es demokratisch zugehen würde."

---

[148] Offenbarung 21,4

„Zum Glück geht es im Himmel theokratisch zu und nicht demokratisch", sagte ich mit einem leichten Schmunzeln. „Die Herrschaft des Volkes – was ‚Demokratie' ja bedeutet – hat nicht immer die besten Ergebnisse gebracht. Aber ich will hier keine politische Diskussion anfangen, sondern Ihre Frage beantworten.

Im Prinzip wäre eine Revision des Urteils Gottes sicher möglich, sonst würde das ganze Verfahren ja eher einem Schauprozess ähneln. Gott hat keine Angst davor, seine Entscheidungen zur Diskussion zu stellen. Wenn er alle Beweise vorgelegt und seine Entscheidung begründet hat, werden wir einsehen, dass er nicht anders handeln konnte und keine Fehler gemacht hat."

Frau Naumann sah mich lange an und sagte dann: „Ich hoffe, dass Sie wirklich Recht haben und Gott keine falschen Entscheidungen trifft." Und nach einer Pause: „Und was passiert weiter? Wir sind doch immer noch bei der zweiten Gerichtsphase."

„Ja. – Ich stelle mir vor, dass es im neuen Jerusalem noch weitere Vorführungen geben wird. Im amerikanischen Rundfunk gibt es einen bekannten Journalisten namens Paul Harvey. Er erzählt immer kurze, wahre Geschichten, mit denen man zunächst nicht viel anfangen kann. Erst am Ende verbindet er sie zur Überraschung der Zuhörer mit einem bekannten Namen oder Ereignis. Als letzten Satz sagt er immer: ‚Und jetzt kennen Sie den Rest der Geschichte.'

In diesem Sinne wird auch Gott uns den Rest der Geschichte zeigen. Er wird uns vorführen, was hinter den Kulissen der Weltgeschichte passierte, wie Satan am Werk war und inwieweit er selbst eingegriffen oder sich zurückgehalten hat. Er wird uns die große Auseinandersetzung zwischen Gut und Böse in vielen Details zeigen und uns sein Handeln erklären.

Weiter stelle ich mir vor, dass es im neuen Jerusalem noch andere Vorführungen geben wird – und zwar in ganz kleinen Räumen, in denen immer nur zwei Personen Platz haben: Sie und Ihr Schutzengel oder mein Schutzengel und ich. Der wird uns dann unser Leben vorspielen."

„Das wäre bestimmt spannend", sagte meine Sitznachbarin.

„Er wird uns zeigen, in welcher Gefahr wir manchmal waren, ohne dass wir es wussten, und wie er uns geholfen hat", fuhr ich fort. „Wir werden auch Situationen noch einmal gezeigt bekommen, in denen wir vielleicht mit Gott gehadert haben. Unser Schutzengel wird dann sagen: ‚Weißt du noch, wie enttäuscht du damals warst? Du hast gedacht, Gott hätte dein Gebet nicht erhört, und hast an ihm gezweifelt. Aber jetzt zeige ich dir einmal, was passiert wäre, wenn er es so erhört hätte, wie du es gewünscht hattest.' Und dann werden wir alles viel besser verstehen und schließlich mit voller Überzeugung sagen: ‚Gott, du bist wirklich großartig. Danke, Herr, dass du mich so weise und geduldig geführt hast. Jetzt sind meine Fragen beantwortet.'"

„Das hört sich gut an. Aber geht das alles nicht auch einfacher?"

„Das ganze Verfahren ist zugegebenermaßen komplex und zeitaufwändig. Aber das Problem der Sünde mit all ihren Folgen lässt sich eben nicht einfach mit einem Handstreich aus der Welt schaffen. Das schafft selbst Gott nicht, weil er das Universum für alle Zeiten sicher machen will. Es soll ja nie wieder eine neue Erhebung geben. Alle, die das ewige Leben erhalten, müssen zutiefst davon überzeugt sein, dass Gott liebevoll, barmherzig und gerecht ist und sie ihm uneingeschränkt vertrauen können. Jeder Zweifel an seinem gütigen Charakter könnte irgendwann in der Zukunft aus uns Rebellen machen."

„Mir ist da noch eine Frage gekommen. Sie haben eben das ‚neue Jerusalem' erwähnt. Was hat es damit auf sich? Findet das Ganze nicht im Himmel statt?"

„Doch. Um die Sache mit dem neuen Jerusalem zu verstehen, müssen wir kurz zurückblenden: Wenn Christus wiederkommt, holt er alle Erlösten zu sich. Die Erde wird durch die vorhergehenden Ereignisse, insbesondere durch ein Erdbeben von einem Ausmaß, wie wir es bisher nicht kennen, ziemlich verwüstet sein.[149] Die Menschen, die bei Christi Wiederkunft durch dessen Herrlichkeit sterben, liegen auf der Erde herum. Niemand wird sie begraben, denn Satan und seine Dämonen haben kein Interesse daran. Die werden zur Untätigkeit verurteilt sein, denn sie dürfen die Erde nicht mehr verlassen und weder die Erlösten noch andere intelligente Geschöpfe Gottes belästigen.[150] Satan und seine bösen Engel können 1000 Jahre lang darüber nachdenken, was sie mit ihrer Rebellion erreicht haben."

„Und die Erlösten?"

„Die Erde ist folglich für sie kein geeigneter Wohnort mehr. Aber Gott hat im Himmel bereits das neue Jerusalem für sie vorbereitet. In der Offenbarung wird es als phantastische Stadt beschrieben mit Straßen, die aus Gold sind, riesigen Toren aus einer einzigen Perle und einer hohen Stadtmauer aus Edelsteinen.[151] Besonders beeindruckt mich aber die Größe der Stadt: Sie ist quadratisch mit einer Seitenlänge von etwa 2220 km."

„Woher wissen Sie denn das so genau?"

„Ein Engel bekam den Auftrag, die Stadt zu vermessen. Dazu sollte er ein menschliches Maß benutzen. Im vorletzten Kapitel der Bibel können wir das

---

[149] Offenbarung 16,17.18.
[150] Offenbarung 20,1–3
[151] Offenbarung 21,10–21

Ergebnis nachlesen: genau 12 000 Stadien.[152] Ein Stadion ist der Durchmesser der damaligen römischen Arenen für Wagenrennen, etwa 185 m. So komme ich auf etwa 2220 km. Stellen Sie sich das bitte einmal vor: Diese Stadt hat eine Seitenlänge etwa von Stockholm bis Neapel und von London bis Moskau und eine Fläche von ganz Europa ohne Russland."

„Da passen aber dann nicht viele Erlöste rein."

„Oh doch! Wenn man die heutige Bevölkerungsdichte von Berlin zugrunde legt, passen über 20 Milliarden Menschen in diese Stadt! Und Berlin hat eine Menge Grünflächen, Wälder, Seen und nicht viele Hochhäuser. Die Kapazität des neuen Jerusalem ist also noch um einiges größer. Jesus hat nicht übertrieben, als er seinen Jüngern erklärte, dass es im Haus seines Vaters ‚viele Wohnungen' gibt.[153] Gott plant offensichtlich sehr großzügig und möchte sehr viele Menschen retten. Sicher ist auch für Sie bereits eine Wohnung reserviert."

Frau Naumann schmunzelte. „Ich fürchte, da muss noch einiges in meinem Leben geschehen, meinen Sie nicht? Im Moment sehe ich mich noch als verloren." Sie hielt inne. „Klingt das nicht schrecklich? Dabei würde ich gerne eine Wohnung im neuen Jerusalem mieten – so wie Sie das beschreiben."

„Das ist doch schon ein guter erster Schritt dahin. Zum Glück brauchen wir dort keine Miete zu bezahlen. Wir werden Gottes Gäste sein und umsonst wohnen. Ich bin sicher, dass Sie dort glücklich wären.

Im neuen Jerusalem – übrigens so genannt, weil das alte Jerusalem mit dem wunderschönen Tempel der Wohnort Gottes auf der Erde war – wird es sicher viele Grünflächen, Bäume, Blumen und Seen geben.

---

[152] Offenbarung 21,16
[153] Johannes 14,2.3

Vor allem gibt es beiderseits eines großen Stromes mit kristallklarem Wasser, der vom Thron Gottes ausgeht, zwei Alleen mit ‚Bäumen des Lebens'. Sie bringen jeden Monat Früchte hervor, von denen wir essen dürfen.[154] So wird unser ewiges Leben erhalten.

Natürlich sorgt letztlich Gott dafür. Aber es besteht weder ein Automatismus noch Zwang. Theoretisch könnte jemand auch auf der neuen Erde sterben, wenn er diese Früchte nicht äße. Es kommt also wieder darauf an, Gott zu vertrauen, und das zu tun, was er sagt – wie damals im Paradies. Auch auf der neuen Erde besitzen alle Erlösten einen freien Willen."

„Das will ich doch hoffen."

„Ich würde Ihnen jetzt gern noch den letzten Akt des Gerichts schildern, die dritte Phase. Sie findet nach den 1000 Jahren statt.

Auf der Erde wird zuerst Platz geschaffen für das neue Jerusalem. Es kommt dann mit all den Erlösten und mit Gott und Christus auf die Erde nieder.[155]

Danach erfolgt die zweite Auferstehung: Alle Verlorenen werden wieder lebendig.[156] Aber im Gegensatz zu den Erlösten, die bei ihrer Auferstehung einen neuen Körper erhalten, bekommen die Verlorenen denselben Körper wieder, den sie zu Lebzeiten besaßen. Ihr Charakter wird ebenfalls unverändert sein.

Danach wird Gott für alle Verlorenen sichtbar den gesamten Erlösungsplan detailliert vorführen, insbesondere das, was Christus auf Erden getan und am Kreuz durchlitten hat. Alle Menschen werden genau sehen, was Gott zu ihrer Erlösung getan hat. Das wird der große Test sein, ob alle seine Entscheidungen, die während der 1000 Jahre von den Erlösten überprüft und bestätigt wurden, richtig sind: Niemand unter

---

[154] Offenbarung 22,1.2
[155] Offenbarung 21,1
[156] Offenbarung 20,5a.12.13

den Verlorenen wird von dieser Darstellung der Liebe Gottes so bewegt sein, dass er plötzlich ausruft: ‚Hallo! Wenn ich das alles gewusst hätte, hätte ich mich auch bekehrt.'

Alle werden zwar von der Vorführung beeindruckt sein, aber ihre Herzen sind aufgrund ihrer Entscheidungen gegen Gott und ihrer Lebensweise so verhärtet, dass sie selbst von dieser außergewöhnlichen Darstellung des Erlösungsplanes nicht dazu bewegt werden, sich ihm zuzuwenden. Aber sie werden sich gedrungen fühlen, Gott anzubeten und ihm so in seinen Entscheidungen Recht geben.[157] Selbst Satan wird das tun. Aber es geschieht nicht aus Liebe zu Gott, sondern eher notgedrungen.

Auf diese Weise wird für alle bewiesen, dass Gottes Handeln gerecht und liebevoll war und die verlorenen Menschen und alle Dämonen weder das Anrecht auf das ewige Leben noch die Eignung dafür besitzen. Gott wird vor allen intelligenten Geschöpfen völlig gerechtfertigt sein. Damit kann der Schlussakt erfolgen."

„Sie meinen ihre Vernichtung, von der wir schon gesprochen haben."

„Ja, im Wesentlichen. In der Offenbarung wird geschildert, dass sich Satan nicht kampflos geschlagen gibt. Er behauptet, selbst die Verlorenen auferweckt zu haben, und redet ihnen ein, dass sie das neue Jerusalem mit Gewalt erobern können.[158] Sie seien ja in der Überzahl. Und ihm werden auch einige der besten Heerführer aller Zeiten zur Seite stehen.

So zeigt sich noch einmal Satans wahrer Charakter als Verführer, Lügner und Mörder. Er plant zum zweiten Mal den Gottesmord. Doch mitten in den

---

[157] Offenbarung 15,4
[158] Offenbarung 20,7–9

Vorbereitungen wird der Thron Gottes über das neue Jerusalem erhoben und der Vater und der Sohn zeigen sich in ihrer vollen Herrlichkeit. Das können die Verlorenen nicht ertragen. Sie kommen ebenso um wie alle Dämonen und zuletzt auch Satan selbst. Damit ist dann das Böse mit Stumpf und Stiel ausgelöscht."

„Darüber wird Gott sicher froh sein."

„Selbst für ihn ist das nicht leicht mit anzusehen – trotz aller Überzeugung, dass das gerecht ist und es keine Alternative dazu gibt. Denn er liebt seine Geschöpfe, auch wenn sie sich von ihm abgewandt haben. Und er liebt Satan noch immer, sein intelligentestes Geschöpf. Auch Gott wird deshalb Tränen vergießen über alle verlorenen Engel und Menschen.

Nach der Kreuzigung Christi ist dies der traurigste Moment in der Geschichte des Universums. Doch in der Offenbarung heißt es, dass Gott alle unsere Tränen abwischen wird.[159] Stellen Sie sich das vor: Gott der Vater und der Sohn werden herumgehen, uns die Tränen abwischen und uns zum Trost in den Arm nehmen! Ich weiß nicht, ob es eine himmlische Fabrik für Taschentücher oder eine spezielle Pflanze geben wird, die Blätter mit ähnlichen Eigenschaften besitzt", sagte ich, um der ganzen Sache etwas die Schwere zu nehmen. „Wir werden jedenfalls alle zusammen den großen Verlust genügend betrauern, aber schließlich – wie bei jedem richtigen Trauerprozess – den Verlust überwinden und zu neuer Lebensfreude finden."

„Ich glaube, ich werde ganz viel weinen, wenn ich dabei sein sollte."

„Ja, sicherlich werde auch ich um manche Angehörige und Freunde weinen. Aber der Schmerz wird einmal für immer vergehen. Das hat Gott versprochen."

„Und damit ist alles geschafft?"

---

[159] Offenbarung 21,4

„Danach bleibt nur noch eines für Gott zu tun: Die ganze Erde wird mit einem unvorstellbaren Feuer von allen Spuren der Sünde gereinigt und schließlich in einem schöpferischen Akt erneuert.[160] Sie wird zu einem Paradies werden. Dann kann jeder Erlöste sein eigenes Landhaus bewohnen. Aber bei dem angenehmen Klima auf der neuen Erde sind wir darauf nicht angewiesen. Überall kann man sich in der freien Natur aufhalten. Wenn man möchte, kann man irgendwo sein Nickerchen machen, ohne einen Sonnenbrand befürchten zu müssen.

Ich bin mir jedoch nicht sicher, ob wir tatsächlich Schlaf brauchen. Jedenfalls wird es auf der neuen Erde nie dunkel werden. Wir brauchen keine Sonne mehr, da Gott selbst uns erleuchten wird. So steht es in der Offenbarung."[161]

„Und was werden wir dann die ganze Zeit tun?"

„Da gibt es viele Möglichkeiten, von denen wir noch keine Ahnung haben. Einiges habe ich ja vorhin schon erwähnt. Ich stelle mir das sehr konkret vor: Zum Beispiel möchte ich mit Löwen spielen und anderen Tieren, die hier auf der alten Erde wild und gefährlich sind. Dort werden sie alle friedlich sein und Gras fressen, sagt die Bibel.[162] Es gab ja vor der Sintflut auch Pflanzen fressende Flugsaurier. Wenn es die auf der neuen Erde auch wieder gibt, möchte ich mit ihnen fliegen, so wie es heute in manchen Filmen bereits dargestellt wird."

„Das wäre mir viel zu gefährlich."

„Keine Sorge, niemand wird Sie dazu zwingen. Ich würde mich jedenfalls einem solchen Tier, das Gott mit diesen Fähigkeiten ausgestattet hat, eher anvertrauen als einem menschlichen Fluggerät. Aber wir

---

[160] 2. Petrus 3,10–13
[161] Offenbarung 21,23; 22,5
[162] Jesaja 65,25

werden sicher auch anders reisen können. Vielleicht können wir uns ja tatsächlich irgendwo hinbeamen, wie es in manchen Science-Fiction-Filmen gezeigt wird. Diese Besuche auf anderen Welten interessieren mich besonders: Was für Geschöpfe hat Gott noch geschaffen? Wie hat sich ihre Geschichte entwickelt?

Und diese Wesen wiederum werden sich sicher für die erlösten Menschen interessieren. Endlich können sie mit denen reden und die interviewen, von denen sie schon lange gehört haben oder die sie im intergalaktischen Fernsehen gesehen haben. Ich meine bei den Infosendungen Gottes über den Fortgang der Auseinandersetzung hier auf der Erde."

„Fangen Sie jetzt nicht an, ein bisschen zu spinnen?", fragte Frau Naumann und lachte.

„Ich denke nicht. Paulus schreibt, dass wir Menschen zum Schauspiel geworden sind für andere Welten.[163] Also müssen ihre Bewohner, die Gott loyal geblieben sind, diese Auseinandersetzung verfolgen können. In welchen Einzelheiten, weiß ich natürlich nicht. Ich hoffe jedoch, dass nicht alle meine unrühmlichen Taten gezeigt werden. Aber da vertraue ich auf Jesus, der auch hier auf Erden nicht die Sünden der Menschen, die er kannte, ausplauderte.

Jedenfalls ist es ja interessanter, mit einem Schauspieler zu sprechen, als ihn nur auf der Leinwand zu sehen. Deshalb sind bei uns Talkshows mit Prominenten so beliebt. Vielleicht werden wir dann zu Talkshows auf andere Welten eingeladen, um über unser Leben und unsere Erfahrungen mit Gott zu sprechen. Das wird die anderen vernunftbegabten Geschöpfe jedenfalls sehr interessieren. Und uns wird es freuen, wenn wir anderen von der großen Liebe und Barm-

---

[163] 1. Korinther 4,9

herzigkeit Gottes erzählen können. So geht es mir ja heute schon."

„Ja, das ist nicht zu überhören! Sie geraten schnell ins Schwärmen."

„Das Beste habe ich ja noch gar nicht erwähnt."

„Was kommt denn nun noch?"

„Wir werden Christus nicht nur sehen und hören, sondern auch mit ihm persönlich sprechen können. Das wird ein ganz besonderes Erlebnis sein, wenn ich eine persönliche Audienz bei Christus habe. Ich fürchte, dass ich nicht viele Worte herausbringen werde außer einem mehrmaligen ‚Danke, Danke, Danke'. Aber Jesus kennt ja meine Gedanken und meine Liebe zu ihm.

Und außer Lob, Dank und Anbetung kann ich ihm nichts schenken, denn ihm gehört ja ohnehin alles. Das sind für mich übrigens auch heute schon die schönsten Momente: Jesus Christus gemeinsam mit anderen Gläubigen anzubeten und ihm gegenüber von Herzen mein Lob und meinen Dank in Liedern und Gebeten zum Ausdruck zu bringen."

Meine Nachbarin sah mich forschend an. Ich konnte an ihrem Gesicht nicht abschätzen, was sie jetzt dachte. Das hätte ich zwar gern gewusst, fragte sie aber nicht danach.

14

Wie möchten Sie sterben?
Die Umkehr zu Gott und ihre Folgen

In diesem Augenblick meldete sich der Kapitän über Lautsprecher und bat uns, unsere Sicherheitsgurte anzulegen. Es dauerte nur 30 Sekunden, bis wir in schwere Turbulenzen gerieten. Jedes Mal, wenn die Maschine absackte, ging ein Stöhnen der Passagiere durch die Kabine. Die Flugbegleiterinnen gingen zu ihren Plätzen und schnallten sich an.

Ich merkte, wie Frau Naumann blass wurde. Erst als wir uns wieder in stabileren Luftmassen befanden, kehrte Farbe in ihr Gesicht zurück. „Ich bekomme bei solchen Turbulenzen immer Todesängste, obwohl ich weiß, dass Start und Landung viel gefährlicher sind", erklärte sie. „Aber dieses Absacken – das war schon heftig." Sie seufzte und lächelte dann etwas erleichtert.

Ich schaute sie an: „Wenn Sie die Wahl hätten, wie würden Sie dann am liebsten sterben?"

Sie dachte einen Augenblick lang nach. „Am liebsten im hohen Alter bei guter Gesundheit – im Schlaf, ohne dass ich etwas merke."

„Das möchten die meisten Menschen, denen ich diese Frage gestellt habe. Das mit dem hohen Alter und der Gesundheit wünsche ich mir ebenso. Aber ich würde gern vorher die Gelegenheit haben, alles Nötige mit Gott und meinen Mitmenschen in Ordnung zu bringen, falls das zu dem Zeitpunkt nicht ohnehin der Fall wäre."

„Warum ist Ihnen das so wichtig?"

„Eine Begebenheit, die ich vor einigen Jahren von einem Freund aus Kalifornien gehört habe, veranschaulicht das am besten. Durch persönliche Kontakte hatte er die Ergebnisse der Auswertung des Stimmenrecorders nach einem Flugzeugabsturz erfahren.

Sieben bis acht Minuten vor dem Aufprall wussten die Besatzung und die Passagiere, dass sie in Kürze sterben würden. Da ging die Frau eines Pastors ans Mikrophon und machte sinngemäß folgende Ansage: ‚Meine Freunde, in wenigen Minuten wird unser Leben zu Ende sein. Unser Schicksal ist praktisch entschieden. Das muss aber für uns nicht das absolute Ende bedeuten. Wenn Sie wollen, erzähle ich Ihnen in den verbleibenden Minuten, wie jeder von uns das ewige Leben erhalten kann.

Durch unsere Sünden haben wir uns von Gott getrennt. Dadurch sind wir dem Tod geweiht, und zwar dem ewigen Tod. Gott, unser Schöpfer, liebt uns Menschen jedoch so sehr, dass er seinen eigenen Sohn, Jesus Christus, auf die Erde schickte. Der lebte ein Leben ohne Sünde und, obwohl er den Tod nicht verdiente, starb er für uns alle.

Er wurde unser Stellvertreter und erlitt die Strafe für unsere Verfehlungen. Dadurch kann uns unsere Schuld vergeben werden. Alles, was wir tun müssen, ist, uns Jesus als unserem Erlöser und Herrn anzuvertrauen und ihm unsere Sünden, unsere verkehrten Einstellungen und Verhaltensweisen, zu bekennen. Es spielt keine Rolle, wie viel oder wie wenig wir gesündigt haben oder wie schwerwiegend unsere Sünden waren. Sie werden uns alle vergeben und wir stehen dann durch die Verdienste Christi so vor Gott, als hätten wir nie gesündigt.

Das ewige Leben wird uns dann bei der Wiederkunft Christi ohne unser Verdienst geschenkt. Gott gibt jedem von uns einen neuen Körper und wir können als seine Kinder bei ihm auf der neuen Erde ewig leben. So hat er es versprochen.'

Dann lud die Dame alle Passagiere, die es wollten, ein, mit ihr zu beten. Kurz darauf brach die Aufzeichnung ab."

Frau Naumann war sichtlich ergriffen.

„Ich weiß nicht, wie viele Personen dieses Angebot in letzter Minute angenommen haben", fuhr ich fort. „Ich denke aber, dass es einige waren.

Wie aufregend muss es sein, wenn wir – ich hoffe, wir werden beide dabei sein – in den Parkanlagen des himmlischen Jerusalems spazieren gehen und dann einen erlösten Menschen kennenlernen, der uns erzählt, dass er ohne diese dramatische Erfahrung das ewige Leben wohl nicht erlangt hätte. Er wird der Pastorenfrau buchstäblich ewig dankbar sein."

„So kann es für manchen Menschen tatsächlich zum Segen werden, wenn er vorher weiß, dass er in Kürze sterben wird", meinte meine Nachbarin gedankenversunken.

„Sicher ist es besser, bereits lange vorher das Verhältnis zu Gott in Ordnung zu bringen, denn wir wissen ja selten vorher, wann wir sterben werden."

„Das ist wahr. Vor einem guten halben Jahr ist meine Cousine gestorben. Wir standen uns sehr nahe. Eben noch war sie quicklebendig und plötzlich war sie tot. Dabei war sie noch gar nicht so alt, sogar zwei Jahre jünger als ich. Sie starb am Abend an einem Herzinfarkt. Am selben Tag waren wir nachmittags noch zusammen spazieren gegangen und hatten Kaffee getrunken. Ich konnte es nicht fassen."

„Für ein langes irdisches Leben gibt es leider keine Garantie. In der Bibel steht aber, dass Gott jedem Menschen mindestens zwei oder drei Mal irgendwie die Chance gibt, sich für ihn zu entscheiden.[164] Das wird er uns – wie wir vorhin erörtert haben – eines

---

[164] Hiob 33,29.30

Tages im Gericht beweisen. Gott ist fair und barmherzig. Er setzt alles daran, dass jeder Mensch gerettet
wird. Niemand muss verlorengehen."

„Wie erkenne ich, dass Gott mich erreichen will?"
Ich freute mich über diese Frage. „Sie spüren es
in diesem Moment ja bereits. Wenn wir uns ernsthaft Gedanken über unser Verhältnis zu Gott machen
oder wenn unser Gewissen schlägt und sagt, dass
wir etwas mit Gott oder unseren Mitmenschen in
Ordnung bringen sollten, dann ist das ein sicheres
Zeichen dafür, dass Gottes Geist an uns wirkt. Gott
lässt sich keine Chance entgehen, uns zu erreichen.
Er benutzt dazu vielfältige Wege: ein Gespräch wie
dieses, ein Buch oder eine schmerzliche Erfahrung.
Ich bin überzeugt, dass Gott genügend Möglichkeiten hat, um uns bewusst zu machen, dass unser Verhältnis zu ihm nicht in Ordnung ist und wir uns ihm
zuwenden sollten."

„Aber wenn ich mich heute für Christus und damit
für einen christlichen Lebensstil entscheiden würde,
hätte ich immer das Gefühl, ich würde etwas verpassen", sagte Frau Naumann. „Dann könnte ich so viele
Dinge nicht mehr genießen. Schon aus dem Grund
würde ich lieber warten."

Ich musste schmunzeln. „Ich weiß, was Sie meinen.
Früher, bevor ich mein Leben mit Christus geführt
habe, dachte ich auch so. Heute sehe ich das ganz
anders, weil ich erfahren habe, dass das Gegenteil der
Fall ist. Nach meiner Entscheidung, mich Christus als
meinem Herrn und Erlöser anzuvertrauen, hat sich die
Qualität meines Lebens deutlich verbessert. Deshalb
bin ich Gott so dankbar, dass ich ihn bereits in meiner
Jugend kennengelernt habe."

„Inwiefern hat sich Ihr Leben verbessert?"

„Seit meiner Bekehrung habe ich Frieden mit
Gott. Jesus ist mein bester Freund geworden. Er hat

mich von verkehrten Gewohnheiten und schädlichen Abhängigkeiten befreit und mir die Angst vor der Zukunft genommen. Er gibt mir die Zuversicht und den Rückhalt, jeden Tag optimistisch anzugehen. Ich weiß, dass er an meiner Seite ist, denn er hat versprochen: ‚Ich bin bei euch alle Tage bis an der Welt Ende.'[165] Auf diese Zusage verlasse ich mich. Ich kann mit ihm im Gebet sprechen und ihn um Hilfe bitten. Und er hat mich noch nie im Stich gelassen."

Sie sah mich ungläubig an. „Wollen Sie damit sagen, dass Sie seitdem keine Probleme mehr haben und alles eitel Sonnenschein ist?"

„Nein, so habe ich das nicht gemeint. Probleme gibt es immer. Darüber brauchen wir uns auch nicht zu wundern. Zum einen bin ich keineswegs perfekt; auch ich mache Fehler. Zum anderen wird jeder echte Christ nach seiner Bekehrung zur Zielscheibe Satans. Schließlich befinden wir uns mitten in der Auseinandersetzung zwischen ihm und Gott.

Das Beruhigende ist jedoch: Wenn wir auf der Seite Christi stehen, gehören wir zum siegreichen Team. Jesus steht uns bei und kämpft für uns. Er hilft uns, jede Lebenskrise zu meistern. Und wie Sie selbst glauben, hat er einen Schutzengel an unsere Seite gestellt.

Außerdem gehöre ich einer christlichen Gemeinschaft an, die weltweit verbreitet ist. Das bedeutet mir sehr viel. Ich habe viele Christen als Freunde, denen ich vertrauen kann und die für mich da sind, wenn ich Hilfe brauche. Und sie beten auch für mich."

„Bedeutet Bekehrung aber nicht auch, dass man dann vieles nicht mehr tun darf?"

„In gewisser Hinsicht ja. Aber das ist nicht der Punkt, denn vieles *will* ich dann nicht mehr, weil sich meine Werte verändert haben. Manches, was mir

---

[165] Matthäus 28,20

früher wichtig war, ist mir heute unwichtig – und umgekehrt."

„Zum Beispiel?"

„Früher bin ich gern auf Partys gegangen, habe bis in die Nacht hinein getanzt und auch Alkohol getrunken. Heute ist das anders. Ich liebe zwar immer noch fröhliche Geselligkeiten, aber mein Musikgeschmack hat sich geändert und die Nächte verbringe ich lieber in einem Bett. Und Alkohol brauche ich auch nicht mehr zum Fröhlichsein.

Ich lebe heute anders und bin besser dran als früher. Mein Leben hat eine stabile Grundlage und ein klares Ziel bekommen. Und ich verspüre einen tiefen Frieden. Allein das ist viel wert."

Meine Nachbarin überlegte und sagte dann vorsichtig: „Ich möchte Sie etwas fragen, aber Ihnen nicht zu nahe treten."

„Fragen Sie ruhig."

„Sie haben eben erwähnt, dass Christus Sie von schlechten Gewohnheiten und Abhängigkeiten befreit hat. Sie müssen mir das nicht erzählen – vielleicht ist es zu persönlich. Aber können Sie wenigstens andeuten, was Sie damit gemeint haben?"

„Ich erzähle Ihnen gerne ein Beispiel. In meiner Pubertät – ich muss 12 oder 13 Jahre alt gewesen sein – hatte ich mir das Stehlen angewöhnt. Das hatte sich bei mir zu einem richtigen Sport entwickelt. Es ging nie um große Sachen: Meistens waren es nur Spielzeugautos oder Süßigkeiten, die ich in Läden mitgehen ließ. Mit der Zeit war ich ziemlich geschickt geworden, denn es hat mich nie jemand erwischt.

Aber eines Tages stellte ich zu meinem Entsetzen fest, dass ich nicht mehr anders konnte. Das Stehlen war zu einer eingefleischten Gewohnheit geworden. Ich griff einfach zu, selbst wenn ich es nicht wollte. Das war zwanghaft. Ich weiß nicht, ob es bereits eine

Kleptomanie war, aber bestimmt war ich nicht weit davon entfernt. Jedenfalls hat es mich ziemlich beunruhigt. Mir wurde bewusst, dass ich abhängig war – abhängig von einer schlechten Gewohnheit."

„Und wie kamen Sie davon los?"

„Meine Mutter hatte mir von Gott und Jesus Christus erzählt. Von ihr wusste ich, wie man betet und was das Gebet bewirken kann."

„Sie hatten also ein christliches Elternhaus?"

„Ja, meine Eltern waren Christen. Im Nachhinein wünsche ich mir, dass sie mir noch mehr über Gott erzählt hätten. Meine Mutter hatte eine innigere Beziehung zu Gott als mein Vater, aber sie hat christliche Werte mehr durch ihre Taten vermittelt als durch Worte. Durch sie hatte ich ein gewisses christliches Grundwissen.

Jedenfalls wusste ich mir damals nicht anders zu helfen, als in meinem Zimmer auf die Knie zu gehen und zu Gott zu beten. Ich sagte: ‚Lieber Gott, wenn es dich wirklich gibt und du allmächtig bist und ich dir nicht egal bin, dann vergib mir meine Sünden und befreie mich von diesem Zwang, stehlen zu müssen. Und wenn du mein Gebet erhörst, möchte ich ab sofort zu dir gehören. Amen.'

Ich meinte das wirklich ernst. Danach war ich gespannt, was passieren würde: Würde Gott mein Gebet erhören? Funktioniert das mit dem Beten überhaupt? Kümmert sich Gott um mich?"

„Offensichtlich hat es funktioniert", konstatierte meine Gesprächspartnerin.

„Ja, das Großartige war, dass von dem Gebet an meine Abhängigkeit verschwunden war. Ich musste nicht mehr stehlen und habe es seitdem nie wieder getan. Das war ein für allemal erledigt. Gott hat mich tatsächlich befreit.

Das war der Anfang meines Lebens mit Christus. Danach habe ich häufig in der Bibel gelesen und Jesus besser kennengelernt. Mit knapp 17 Jahren habe ich meine Entscheidung für ihn öffentlich gemacht und mich taufen lassen."

„Sie waren bis dahin noch nicht getauft?", fragte Frau Naumann überrascht.

„Ja. Meine Eltern waren der Meinung, dass eine Taufe etwas mit einer bewussten Entscheidung zu tun hat und man erst glauben müsse, bevor man sich taufen lässt. Meine Mutter zitierte des Öfteren die Aussage von Jesus: ‚Wer da glaubt und getauft wird, der wird selig werden.'[166] Und da Säuglinge weder an Gott glauben noch sich für ihn entscheiden können, wollten meine Eltern mich nicht als Baby taufen lassen. Ich war ihnen dafür später dankbar, denn so, wie ich die Bibel heute verstehe, hatten sie Recht. Vielleicht lag es zum Teil auch daran, dass meine Eltern unterschiedlichen Kirchen angehörten. Dadurch, dass wir Kinder nicht als Säuglinge getauft wurden, sind sie auch einem Konflikt aus dem Weg gegangen."

---

[166] Markus 16,16

15

Die Freiheit im Rauchverbot
Bekehrung, Buße und Neugeburt

„Sie sprachen eben von Bekehrung. So ungefähr verstehe ich wohl, was damit gemeint ist. Können Sie es aber noch etwas genauer ausführen?"

„Gern. Das ist ein wichtiges Thema, denn es geht darum, wie wir persönlich die Erlösung durch Christus erfahren. Bekehrung bedeutet eine Umkehr in Bezug auf Gott: Ich bin vor ihm weggelaufen, habe ihm den Rücken zugekehrt oder mich schlichtweg nicht um ihn gekümmert. Aufgrund bestimmter Erfahrungen oder Erkenntnisse werde ich wachgerüttelt und entschließe mich, meine Rebellion oder Gleichgültigkeit aufzugeben, eine Beziehung zu Gott aufzubauen und in Harmonie mit ihm zu leben. Diese grundlegende Richtungsänderung nennt die Bibel Bekehrung."

„Und was hat es mit der ‚Buße' auf sich? Müssen wir nicht für unsere Sünden Buße tun? Kommt das nach der Bekehrung oder davor?"

„Biblisch verstandene ‚Buße' ist der Kern der Bekehrung. Das hat jedoch nichts damit zu tun, dass wir irgendwelche ‚Bußübungen' verrichten. Durch diesen katholischen Sprachgebrauch und Worte wie ‚Bußgeld' haben viele eine unbiblische Vorstellung davon. Das Wort ‚Buße' ist eine altmodische und unglückliche Übersetzung für ein Wort im Neuen Testament, das ‚Sinnesänderung' bedeutet. Es geht schlichtweg um einen Sinneswandel, ein verändertes Denken und eine andere Einstellung zu Gott, die die Umkehr zu ihm zur Folge hat."

„Und das hat nichts mit unseren Taten zu tun?"

„Ich sage manchmal: ‚Buße tun hat mit tun überhaupt nichts zu tun.' Es geht vielmehr um unsere Einstellungen und um eine innere Betroffenheit über unser bisheriges Verhältnis zu Gott. Wenn ich einsehe, dass ich eine falsche Richtung eingeschlagen und vieles verkehrt gemacht habe, Gottes Liebe zurückgewiesen oder ihn ignoriert habe, werde ich wahrscheinlich traurig oder betroffen sein. Das kann einen Sinneswandel einleiten. Oder wenn ich eine besondere Erfahrung mit Gott mache und seine Liebe mir bewusst wird, dann erweckt das Gefühle, die mich zur Umkehr führen können. Ich werde dann offener für das Wirken des Heiligen Geistes. Er bewirkt echte Reue über meine Abkehr von Gott und über mein Fehlverhalten. Das sind die besten Motive für eine gründliche Bekehrung. Sie hat im Kern immer mit einer verstandesmäßigen und zugleich mit einer Herzensentscheidung zu tun."

„So ganz verstehe ich das noch nicht." Meine Nachbarin sah mich erneut mit einem Stirnrunzeln an.

„Das ist kein Wunder. Selbst jemand, der das erlebt hat, versteht es nicht ganz. Wir können das Wirken des Heiligen Geistes weder begreifen noch erklären, sondern nur erfahren und beschreiben. Er versucht stets, uns Gott verständlicher zu machen und uns zu Christus zu ziehen. Wenn wir uns ihm öffnen oder zuwenden – ich kann das leider nicht anders beschreiben – bewirkt der Geist in uns Reue, auch ohne dass wir irgendetwas über sein Wirken wissen. Wenn wir dann Christus als unseren Erlöser und Herrn annehmen, bewirkt der Geist Gottes so etwas wie eine geistliche Neugeburt.[167] Diesen Vergleich benutzte Jesus selbst einmal.[168] Er veranschaulicht manches."

„Ja, von Wiedergeburt habe ich schon gehört."

---

[167] Johannes 1,12.13
[168] Johannes 3,3–8

„Da gibt es unterschiedliche Anschauungen. In den östlichen Religionen wird darunter etwas ganz anderes verstanden, als Jesus es meint. Er spricht von einem inneren Vorgang, einer inneren Neuschöpfung, durch die wir Gottes Kinder werden. Wir bekommen die Fähigkeit, eine innige Beziehung zu Gott aufzubauen. Wir können ihn dann besser verstehen, ihm vertrauen und ihn lieben. Wir haben plötzlich das innere Verlangen, ihm zu gefallen und auf ihn zu hören. Das biblische Wort lautet ‚gehorchen'. Die Begriffe ‚hören', ‚horchen' und ‚gehorchen' gehören ja bei uns sprachlich eng zusammen. Auch irdische Eltern verlangen von ihren Kindern, dass sie auf sie hören und ihnen gehorchen, zumindest, wenn sie klein sind. Bei Gott läuft das aber anders. Er pflanzt uns in der Neugeburt durch seinen Geist seine Prinzipien und Gebote ins Herz. Das ist Gottes Handeln. Sie sind dann keine Last mehr für uns, sondern wir haben sogar Freude daran, sie zu befolgen."

„So etwas kann ich mir nun gar nicht vorstellen."

„Das ist ganz natürlich. Nur wer es selbst erfahren hat, versteht das und wird es Ihnen bestätigen. Daran erkennt man übrigens mit ziemlicher Sicherheit wiedergeborene Christen. Aber *vor* dieser Erfahrung der Neugeburt klingen für jeden die Prinzipien, nach denen ein echtes christliches Leben funktioniert, wie böhmische Dörfer.

Ich möchte es Ihnen an einem Beispiel verdeutlichen. Sie rauchen wahrscheinlich nicht – oder?"

„Nein. Und im Flugzeug darf man doch ohnehin nicht rauchen."

„Empfinden Sie das als eine Einschränkung?"

„Überhaupt nicht – im Gegenteil."

„Und wenn Sie in einen Zug steigen: In welches Abteil setzen Sie sich dann?"

„Natürlich ins Nichtraucherabteil, weil die Luft da besser ist. Worauf wollen Sie hinaus?"

„Obwohl das Rauchen in dem Abteil verboten ist, sagen Sie sich mehr oder weniger bewusst: ‚Da will ich sein. Da fühle ich mich wohl.' Sie denken nicht: ‚Das halte ich hier nicht aus! Ständig diese Verbote! Ich fühle mich so eingeengt!'"

„In dem Fall natürlich nicht."

„Für einen Raucher stellt sich das aber ganz anders dar. Er wird sich in einem Nichtraucherabteil unwohl und in seiner Freiheit beschnitten fühlen. Wenn er dagegen das Rauchen aufgibt und sich gewissermaßen vom Raucher zum Nichtraucher bekehrt, wird er sich unter Nichtrauchern genauso wohl fühlen wie Sie oder ich."

Ich hielt inne. Da mich meine Gesprächspartnerin nur ansah, fuhr ich fort: „Ähnlich verhält es sich mit unserer Einstellung gegenüber Gottes Geboten. Wenn wir uns bekehrt haben und vom Heiligen Geist neu geboren wurden, werden wir sie gern halten.[169] Dann werden wir sie befolgen *wollen*. Der Geist Gottes vollbringt in uns eine Veränderung, die es uns ermöglicht, fortan in Harmonie mit Gottes Willen zu handeln."

„Das Halten der Gebote ist also wichtig, um gerettet zu werden, wenn ich Sie richtig verstehe."

„Wenn Sie unter ‚gerettet werden' die endgültige Erlösung meinen, also auf der neuen Erde zu leben, dann haben Sie in gewisser Hinsicht Recht. Viele verwechseln hier jedoch Ursache und Wirkung. Wir können durch das Halten der Gebote bei Gott keine Pluspunkte sammeln oder uns gar das ewige Leben verdienen. Gerettet werden wir nur aufgrund der Verdienste Christi, die wir in Anspruch nehmen."[170]

---

[169] Psalm 40,9
[170] Römer 3,23.24.28

Sie sah mich fragend an.

„Wenn wir uns bekehrt haben und neu geboren wurden und damit von der Sünde, der Verlorenheit, der Sinn- und Hoffnungslosigkeit *erlöst* sind, haben wir eine neue Motivation und eine neue Kraftquelle. Wir werden uns dann nach dem Willen Gottes richten. Das ist die *Folge* meiner Erlösung. Das Halten der Gebote ist aber nicht die Voraussetzung, erlöst zu werden."

„Das klingt einleuchtend und gleichzeitig ziemlich kompliziert für einen Menschen wie mich", meinte Frau Naumann. „Ich hoffe, dass ich das morgen nicht schon wieder alles vergessen habe."

„Vielleicht hilft ein Vergleich dazu: Wenn ich einen Menschen wirklich liebe, wird es mir nicht schwerfallen, alles zu tun, um die Harmonie zwischen mir und dieser Person zu bewahren. Ich werde danach trachten, ihr möglichst jeden Wunsch von den Augen abzulesen, und dankbar sein, wenn sie mir erklärt, was ihr wichtig ist und wie ich mich so verhalten kann, dass es ihr Freude macht.

In unserem Verhältnis zu Gott ist es ähnlich, denn wenn wir erkannt haben, wie sehr er uns liebt und dass er nur unser Bestes im Sinn hat, wird die Liebe von Jesus Christus, die ich erfahre oder beobachte, in mir Gegenliebe auslösen. Und die äußert sich nicht in erster Linie in guten Gefühlen für Christus. Es handelt sich vielmehr um eine prinzipielle Liebe, die aus einem veränderten Herzen kommt. Sie hat eine handfeste, konkrete Seite. Jesus drückt sie mit den Worten aus: ‚Liebt ihr mich, werdet ihr meine Gebote halten.'[171] Wir müssen genau auf seine Formulierung achten: Er sagt nicht, dass wir die Gebote halten *müssen*, sondern dass wir sie halten *werden* – aus Liebe zu ihm und aus der Kraft des Heiligen Geistes."

---

[171] Johannes 14,15

„Was meinen Sie denn mit der Liebe Christi, die wir ,beobachten'?"

„Wie sich seine Liebe in unserem Leben ausgewirkt hat, begreifen wir meist erst nach und nach. Viel besser können wir seine Liebe erkennen, indem wir in den Evangelien die Berichte darüber lesen, wie er Menschen behandelt hat. Jesus demonstrierte Gottes Barmherzigkeit, Geduld und Liebe. Er hat Sünder angenommen, statt sie zu verurteilen, und ist bei den Verachteten eingekehrt.[172] Und er sagte zu seinen Jüngern: ,Wer mich sieht, der sieht den Vater.'"[173]

„Sagte er das, weil beide gleich sind?"

Ich nickte. „So hat es Jesus einmal wörtlich gesagt: ,Ich und der Vater sind eins.'"[174]

16

Warum geht es schlechten Menschen gut?
Der Segen Gottes und Hiobs Prüfung

Meine Sitznachbarin griff sich einen Plastikbecher mit Wasser vom Tablett der Flugbegleiterin, die gerade wieder einmal ihre Runde drehte. Langsam nahm sie einen Schluck, während sie lange auf ihre Schuhspitzen blickte.

„Ich weiß gar nicht, was ich sagen soll", meinte sie. „Das ist alles so neu für mich. Noch nie hat mir jemand das so erklärt."

„Ergibt das denn einen Sinn für Sie?"

---

[172] Lukas 15,1.2; Johannes 8,3–11; Lukas 19,5–9
[173] Johannes 14,9
[174] Johannes 10,30

„Das meiste schon."

„Was ist Ihnen denn noch unverständlich?"

„Ich hatte zu Beginn gesagt, dass ich nicht verstehe, warum Gott manche schlechte Menschen so gut behandelt."

„Ja, darauf bin ich noch nicht eingegangen. Soll ich das jetzt tun?"

„Es interessiert mich auf jeden Fall."

„Es widerstrebt unserem Sinn für Gerechtigkeit, wenn es guten Menschen schlecht und manchen bösen Menschen anscheinend gut geht, weil sie scheinbar alles bekommen, was sie sich wünschen. Manchmal ist der materielle Besitz allerdings auf unrechtmäßige Weise erworben worden. Es mag manchem Schuft richtig gut gehen, aber die Auswirkungen zeigen sich in jedem Fall an anderen Menschen, die belogen, betrogen, bestohlen oder gar ermordet werden."

„Genau so ist es. Wie kann Gott das zulassen, wenn er gerecht ist?"

„Wir haben vorhin festgestellt, dass er es zulassen *muss*, damit jedem deutlich wird, wohin das Böse wirklich führt. Wenn er da überall eingreifen würde, würde Satan das als unfair bezeichnen. Außerdem wird dann der wahre Charakter der Sünde nicht offenbar: Unter ihr leiden nämlich immer die sogenannten ‚Unschuldigen'."

„Das klingt seltsam. Wie meinen Sie das?"

„Wer belogen, betrogen oder bestohlen wurde, hat das nur in seltenen Fällen selbst verursacht, es sei denn, er hat andere ebenso behandelt. Aber meistens hat der Betroffene keinen Anlass dafür gegeben. Er ist also an dem, was ihm angetan wird, unschuldig."

„Ja, das leuchtet mir ein."

„Bei den gläubigen Menschen, die ein rechtschaffenes Leben führen und denen es dennoch schlecht geht, wirken sich andere Zusammenhänge aus. Jeder, der sich zu Christus bekehrt und damit in der großen Auseinandersetzung die Seiten wechselt, wird zur Zielscheibe Satans, denn das ärgert ihn natürlich. Er versucht nun, dem Christen das Leben schwer zu machen, um ihn von seinem Vertrauen zu Gott abzubringen.

Ein besonders krasses Beispiel dafür wird in der Bibel geschildert. Das ist Hiob, dem sogar Gott das Zeugnis ausstellte, gottesfürchtig und rechtschaffen zu sein und das Böse zu meiden. Satan behauptete daraufhin, dass Hiob Gott nur diente, weil der ihn so sehr gesegnet hatte, d. h. aus selbstsüchtigen Motiven. Wenn ihm alles genommen würde – so argumentierte Satan – würde er Gott absagen und ihm untreu werden.[175] Wer nur konnte in der Situation beweisen, wer Recht hat?"

„Wie meinen Sie das?"

„Gott behauptete, Hiob liebe ihn, und Satan behauptete, Hiob diene Gott aus Egoismus, weil er davon Vorteile hatte. Wie konnte herausgefunden werden, wer von beiden Recht hat?"

„Das konnte nur Hiob selbst sagen."

„Ja, aber mit einer bloßen Aussage Hiobs hätte Satan sich nicht zufriedengegeben. Es mussten Beweise her."

„Also musste Hiob auf die Probe gestellt werden."

„Genau. Wenn Gott gegenüber Satan fair bleiben wollte, gab es für ihn keine *andere Möglichkeit,* als Satan zu gestatten, Hiob enorm zuzusetzen.[176] Aus Gründen der Gerechtigkeit *konnte* Gott nicht verhindern, dass Hiob litt."

„Das ist aber eine merkwürdige Gerechtigkeit!"

---

[175] Hiob 1,1–3.6–11
[176] Hiob 1,12; 2,6.7

„So scheint es. Wir kennen das Dilemma aber auch aus irdischen Gerichtsverfahren: Was gerecht gegenüber dem Angeklagten ist, ist nicht immer gerecht gegenüber dem Opfer. Wir können keine völlige Gerechtigkeit schaffen und Gott kann das bei der Herrschaft Satans auf dieser Erde[177] auch nicht."

„Das ist sehr unbefriedigend."

„Auch für Gott. Deshalb arbeitet er an einer dauerhaften Lösung, wie wir besprochen haben."

„Und was passierte dann mit Hiob?"

„Er verlor seinen Besitz, seine Kinder und auch seine Gesundheit. Laufend erhielt er ‚Hiobsbotschaften'.[178] Er klagte Gott deshalb später an, weil er nicht verstehen konnte, warum ihm das alles passierte.[179] Aber er sagte Gott nicht ab, sondern klammerte sich auch im Leid an ihn. So bewies er, dass Satan Unrecht hatte."

„Aber so ganz komme ich da nicht mit."

„Es geht letztlich um Satans Behauptung, Gott sei ein Herrscher, den die Menschen nicht lieben. Sie würden ihm nicht aus Liebe und tiefster Überzeugung dienen, sondern aus Angst oder um des eigenem Vorteils willen."

„Jetzt verstehe ich das erst richtig: Satan unterstellte Hiob, dass er Gott nur deshalb verehrte, weil er etwas davon hatte."

„Genau. Und nachdem eindeutig bewiesen war, dass Satan mit dieser Verleumdung Unrecht hatte, konnte Gott Hiob wieder sichtbar segnen und ihm erneut Kinder und den doppelten Besitz schenken.[180]

Das ist heutzutage aber nicht immer so, denn im damaligen Denken war Gottes Segen gleichbedeu-

---

[177] 2. Korinther 4,4 Hfa
[178] Hiob 1,13–22; 2,4–10
[179] Hiob Kap. 9, 10 und 19
[180] Hiob 42,12–17

tend mit Kindern und materiellem Reichtum.[181] Heute schenkt Gott denen, die ihm treu sind, eher geistlichen Segen wie inneren Frieden und Freude und Gelassenheit inmitten von Widrigkeiten.

Hiob ist aber ein Beispiel für die Unterstellungen, die Satan gegen *jeden* echten Christen erhebt. Auch sie müssen in Schwierigkeiten und im Leid zeigen, aus welchen Motiven sie Gott wirklich dienen. Deshalb lässt es Gott zu, dass ihnen manches Negative von Satan widerfährt. Gott hat keine Alternative."

Frau Naumann schaute mich etwas skeptisch an, sagte aber nichts.

Deshalb fuhr ich fort: „Nun zu dem anderen Fall, dass es Menschen tatsächlich gut geht, die *keine* Beziehung zu Gott haben. Er versucht auf alle mögliche Weise, sie zu erreichen, weil er alle retten will. Er möchte ihnen zeigen, wie sehr er sie liebt. Liebe ist bekanntlich ein besseres Motiv, zu Gott zu kommen, als Angst oder Verzweiflung.

Paulus macht ein wichtiges Prinzip Gottes deutlich, indem er darauf hinweist, dass uns seine Güte *zur Umkehr* führen soll.[182] Sein Segen, den auch Ungläubige erfahren, ist also kein Beweis dafür, dass mit ihnen alles in Ordnung ist. Gott liebt alle seine Geschöpfe; deshalb möchte er ihnen nur Gutes erweisen. So versucht er, sie von seiner Liebe und Güte zu überzeugen. Er möchte, dass sie sich ihm öffnen."

„Wollen Sie damit sagen, dass Gott den Ungläubigen mehr segnet als den Gläubigen?"

„Nein, das tut er nicht. Gott schenkt guten wie bösen Menschen gleichermaßen Regen und Sonnenschein. So sagte es Jesus in der Bergpredigt.[183] Gott ist gerecht und zieht niemanden vor. Aber bei ech-

---

[181] 1. Mose 22,17; 5. Mose 28,2–4; Psalm 127,3
[182] Römer 2,4
[183] Matthäus 5,45

ten Nachfolgern von Jesus ist der Segen oft nicht so offensichtlich. Sie empfangen vor allem geistlichen Segen.[184] Dazu gehören die Vergebung ihrer Schuld, die Gewissheit der Erlösung, innerer Friede, Kraft in Anfechtungen, Weisheit in wichtigen Entscheidungen usw.[185] Ein Nichtchrist ist für diese Arten von Segnungen gar nicht empfänglich.

Außerdem spielen auch in der Frage des Segens Gottes die Verleumdungen Satans eine Rolle. Er behauptet, dass Gott die Ungläubigen stiefväterlich behandelt. Aber das tut er eben nicht. Im Gegenteil: Er ist die Liebe in Person,[186] sodass er gar nicht anders kann, als allen seinen Geschöpfen – wo immer möglich – seine Liebe zu erweisen.

Aber dabei *kann* und *darf* er nicht das Gesetz von Ursache und Wirkung außer Kraft setzen, d. h. die Folgen des Handelns der Menschen und des Wirkens Satans aufheben. Doch eines Tages wird er allem Bösen ein Ende setzen können, ohne dabei das Risiko einzugehen, missverstanden zu werden oder als ungerecht zu erscheinen."

Meine Sitznachbarin schien nachzudenken.

---

[184] Epheser 1,3
[185] Epheser 1,7.11; 1. Johannes 1,9; 5,11–13; Römer 5,1.2; Jakobus 1,5.12; Judas 24.25
[186] 1. Johannes 4,8.16

17

Eine gefährliche Gratwanderung
Rettender Glaube

„Bei dem, was Sie vorhin vom ewigen Leben erzählt haben, bekomme ich richtig Sehnsucht nach dem Himmel", sagte sie. „Das wären wirklich phantastische Zustände. Besonders das mit dem himmlischen Jerusalem ist mir unter die Haut gegangen. Für Sie scheint das alles so sicher zu sein. Ich beneide Sie darum, wie Sie das alles so felsenfest glauben. Ich kann das nicht. Vielleicht fehlt mir die Gabe des Glaubens. Der Glaube ist ja nicht jedermanns Ding."

„Dieser Satz steht sogar in der Bibel."[187]

„Tatsächlich? Da sehen Sie es!"

„Aber er bedeutet etwas anderes, als Sie meinen."

„Da bin ich aber gespannt."

„Das Wort für Glaube bedeutet im Griechischen, der Sprache des Neuen Testaments, neben Vertrauen auch Treue. Der Zusammenhang des Textes macht deutlich, dass dort Treue gemeint ist: ‚Die Treue ist nicht jedermanns Ding.'[188] Ob wir Gott treu sind, hängt allein von unseren Entscheidungen ab. Da er ein guter Lebenspartner ist, haben wir keinen Grund, uns von ihm zu trennen."

„Aber wie können wir Gott denn finden, wenn wir weit weg von ihm sind?"

„Wir müssen eine Beziehung zu ihm aufbauen. Der Glaube kommt aus der Verkündigung und die Verkündigung der christlichen Botschaft beruht auf dem Wort Christi, erklärt Paulus.[189] Und Petrus sagt, dass

---

187 2. Thessalonicher 3,2
188 Vgl. 2. Thessalonicher 3,2.3 EB
189 Römer 10,17 EB

der Same, der die geistliche Neugeburt zur Folge hat, das Wort Gottes ist.[190] Mit anderen Worten: Wir müssen uns unbedingt mit der Quelle beschäftigen, mit dem Wort Gottes, damit sich der Glaube entwickeln und wachsen kann.

Glauben bedeutet ja im biblischen Sinne, Gott und Jesus Christus zu vertrauen. Dazu ist die Bibel unerlässlich, weil sie uns zeigt, wie Gott wirklich ist. Wir sollten am besten in den Evangelien anfangen zu lesen. Dort haben wir die klarste Darstellung Gottes in Jesus Christus vor Augen. Wir können uns einfach in die geschilderten Personen hineinversetzen, denn das, was Jesus damals zu den Menschen sagte, würde er auch mir in einer ähnlichen Situation sagen. Und wie er damals die Menschen behandelte, so behandelt er heute auch mich."

„Mit diesen Berichten habe ich mich noch nie wirklich beschäftigt", räumte Frau Naumann ein.

„Mit der Entwicklung unseres Vertrauens zu Gott verhält es sich wie mit unserem Vertrauen gegenüber Menschen. – Sie haben sicherlich Freunde", sagte ich und sah sie erwartungsvoll an.

„Sicher. Nur leider sehe ich sie nicht oft genug."

„Haben Sie auch eine ‚beste' Freundin?"

„Oh ja. Die wohnt sogar in Düsseldorf."

„Wie lange kennen Sie sie bereits?"

„Schon eine Ewigkeit, bestimmt fast vierzig Jahre. Aber so richtig gute Freunde sind wir erst seit etwa 26 Jahren."

„Wie kam es dazu, dass diese enge Freundschaft entstand?"

„Mein Mann war damals schwerkrank. Er hatte Krebs und große Schmerzen. Ich musste ständig in seiner Nähe sein und mich um ihn kümmern. Wäh-

---

[190] 1. Petrus 1,23

136

rend der Zeit hat mir meine damalige Bekannte, die nur zwei Straßen weiter wohnte, sehr geholfen. Sie hat sich um unseren Haushalt gekümmert und um meinen Sohn. Wir haben uns viel unterhalten. Ich brauchte damals diese emotionale Stütze. Das war für mich eine schwere Zeit und sie war einfach für mich da."

„Gut, dass Sie damals solch einen Menschen hatten. Sie haben Ihre Bekannte dadurch näher kennengelernt und erfahren, dass Sie ihr vertrauen können. So wurde sie zu Ihrer Freundin."

„Ja, so war es."

„So ähnlich ist das auch mit unserem Vertrauen zu Gott. Er ist vielleicht über lange Zeit für uns nur wie jemand, den wir vom Hörensagen kennen. Aber dann lernen wir ihn persönlich kennen, vielleicht ausgelöst durch eine Krise oder weil wir einen Anstoß durch gläubige Christen dazu bekommen haben. Wir fangen an, uns mehr mit ihm zu beschäftigen, zum Beispiel durch ein Gespräch wie dieses. So erfahren wir nach und nach, was für ein guter Freund er ist.

Wer Gott kennenlernt und erfährt, wie er wirklich ist, der weiß, dass man ihm vertrauen kann, auch wenn man sein Handeln nicht immer versteht. Und je besser wir ihn kennenlernen und je mehr Zeit wir mit ihm verbringen – ähnlich wie Sie mit Ihrer Freundin Zeit verbracht haben –, desto mehr werden wir ihm vertrauen. Das kommt wie von allein. Das ist das ganze Geheimnis rettenden Glaubens."

„Das ist eigentlich nicht sehr geheimnisvoll. Wenn ich Sie richtig verstanden habe, ist es also dieses Vertrauen, das mich rettet."

„Ja und nein", sagte ich. „Ich möchte Ihnen das mit Hilfe einer Zeichnung erklären." Ich stand auf, öffnete das Gepäckfach über uns und holte einen Schreibblock aus meinem Aktenkoffer. Dann zeichnete ich eine Dampflokomotive mit Tender und einem Anhänger. Anschließend verband ich ihn durch ein Pluszeichen mit der Lokomotive.

Als ich das Wort „Christus" in die Lokomotive und das Wort „Ich" in den Waggon schrieb, erklärte ich: „Christus ist die Lokomotive und der Waggon bin ich. Das Pluszeichen aber, diese Kupplung, das ist mein Glaube." Ich zeichnete einen Kreis um das Pluszeichen und schrieb das Wort „Glaube" darunter.

„Es ist nicht mein Glaube, der mich rettet, sondern Jesus Christus. Nicht die Kupplung zieht mich, sondern die Lokomotive. Mein Glaube ist lediglich das Mittel, das mich mit Christus verbindet. Aufgrund meines Vertrauens halte ich mich an Christus fest und bleibe ihm treu. Dann werde ich durch Christus für die Ewigkeit gerettet."

„Und was ist mit dem Tender? Kommen da meine Sünden rein?"

Ich lachte. „Das vervollkommnet diese Veranschaulichung noch. Wenn Sie sich für Christus entscheiden und sich mit ihm durch den Glauben verbinden, dann werfen Sie praktisch all Ihre Schuld in den Kohlentender. Sie sind sie dann los. Und wenn Sie erneut sündigen, machen Sie es wieder so. Christus verwandelt quasi den schwarzen Dreck meiner Sünde in den weißen Rauch seiner Reinheit. Er weiß, dass wir immer wieder Fehler machen und Zeit brauchen, um als Kinder Gottes reifer zu werden, aus unseren Fehlern zu lernen und neue Verhaltensweisen einzuüben.

Ich möchte hier noch etwas über die Rolle meiner Gefühle veranschaulichen. Sie sind oft angenehm – vor allem in der ersten Begeisterung für Christus. Aber sie sind auch leicht durch Umstände, durch negative Erfahrungen oder Belastungen aus der Vergangenheit beeinflussbar. Wir müssen jedoch wissen, dass sie eine nachgeordnete Rolle spielen. Erst kommen die Heilstatsachen, die Christus geschaffen hat: Er hat die Strafe für meine Schuld längst bezahlt und kann mir daher jede Sünde vergeben. Diese Tatsachen sind wahr, egal was mir meine Gefühle oder auch mein Verstand sagen.

Wenn ich Christus und seiner Erlösung vertraue, dann werde ich die Entscheidung treffen, mich ihm anzuvertrauen. Dadurch nehme ich seine Erlösung für mich in Anspruch. Bildlich gesprochen hänge ich gewissermaßen die Kupplung ein. Dann stellen sich auch entsprechende Gefühle ein, etwa Freude oder Dankbarkeit.

Aber manchmal wirken meine Gefühle auch wie die Bremserwagen bei den Zügen im 19. Jahrhundert." Ich zeichnete ein Bremserhäuschen ans Ende des Waggons. „Wir dürfen uns dann von diesem Bremser nicht beeinflussen lassen und unsere Verbindung zur Lokomotive nicht lösen. Mit anderen Worten: Wir müssen stets mehr auf die Heilstatsachen Gottes vertrauen, die uns sein Wort nennt, als auf unsere schwankenden Gefühle. Im Laufe der Zeit folgen unsere Gefühle unserem Denken – auch auf diesem Gebiet. Ganz bestimmt."

„Warum betonen Sie das so?"

„Weil viele Christen an ihrem Glauben oder an der Echtheit ihrer Bekehrung zweifeln. Sie meinen, eine Art religiöses Gefühl sei die Voraussetzung für ihren

Glauben oder ihre Erlösung. Und wenn sie nicht das erwartete Gefühl haben, meinen sie, Gott habe sie nicht angenommen und liebe sie nicht.

Es sind aber nicht die Gefühle, die unser Erlöstsein bestätigen, sondern die Heilstatsachen, die die Bibel nennt, und meine Annahme der Erlösung Christi. Das ist übrigens keine einmalige Sache. Ich sollte mich täglich wieder neu für Christus entscheiden und mein Leben ihm erneut anvertrauen."

„Ich glaube, ich fange an, das zu verstehen."

„Eine kleine Geschichte veranschaulicht die Sache. Stellen Sie sich vor: Sie sind auf einer Hochgebirgswanderung und gehen über einen schmalen Grat. Links und rechts der Abgrund. Ein Sturz wäre mit Sicherheit tödlich. Sie sind aber nicht allein; zu Ihrer Wandergruppe gehören einige Personen, die Sie nicht näher kennen. Plötzlich stellt Ihnen jemand ein Bein. Sie straucheln und fallen über die Klippe, können sich aber gerade noch festhalten. Doch Ihre Kräfte schwinden schnell. Sie sind dem Tod geweiht.

In dieser Situation hören Sie eine freundliche Stimme über sich: ‚Geben Sie mir die Hand. Ich ziehe Sie herauf.' Was werden Sie jetzt tun? Sagen Sie: ‚Nein, Danke. Ich werd's aus eigener Kraft schaffen' oder: ‚Ich traue Ihnen nicht' oder: ‚Ich glaube nicht, dass Sie das können'?"

„Ich werde natürlich schnell die Hand ergreifen und mich hochziehen lassen."

„Klar. Dann setzen Sie die Klettertour fort. Vorsichtshalber halten Sie jetzt die Hand Ihres Retters fest. Das hält den Bösewicht jedoch nicht davon ab, Ihnen erneut ein Bein zu stellen. Diesmal straucheln Sie zwar, aber stürzen nicht.

Vielleicht werden Sie nach einiger Zeit übermütig und lassen die Hand Ihres neuen Freundes los. Wieder stellt Ihnen Ihr Widersacher ein Bein und Sie stürzen gefährlich. Doch glücklicherweise streckt Ihnen Ihr Freund wieder die Hand entgegen. Sie greifen sofort zu und lassen sich wieder retten. Sie vertrauen ihm, weil Sie erfahren haben, dass er vertrauenswürdig ist."

„Und was wollen Sie damit veranschaulichen?"

„Wir Menschen befinden uns in einer ähnlichen Situation. Satan hat uns allen ein Bein gestellt. Er hat uns zur Rebellion gegen Gott angestachelt oder dazu, Gott zu vernachlässigen und unser eigenes Leben zu führen. Wir alle hängen über dem Abgrund. Wir müssen uns nicht bewusst für Satan entscheiden, um für ewig verlorenzugehen, sondern sind bereits dem Tod geweiht. Wenn wir uns nicht für die rettende Hand von Jesus entscheiden, werden wir früher oder später in der Schlucht des Todes zerschellen.

Jesus Christus hält uns seine Hand hin, weil er uns retten möchte. Wir müssen uns nur entscheiden, seine Hand zu ergreifen und sie festzuhalten."

„Aber wie geschieht das konkret?"

„Das Ergreifen der Hand Christi veranschaulicht die Art unserer Glaubensentscheidung: Für unsere Erlösung und unser weiteres Leben machen wir uns allein von ihm abhängig. Dazu brauchen wir kein besonderes Talent und keinen großen Glauben. Wir müssen uns nur entscheiden, uns Jesus ganz anzuvertrauen, und es ihm sagen.

Jemand kam einmal zu ihm und hatte Probleme, ihm zuzutrauen, dass er seinen Sohn heilen konnte. Jesus wies ihn auf die Wichtigkeit des Vertrauens hin. Daraufhin sagte der Vater: ‚Ich glaube; hilf meinem Unglauben!'[191] Er klammerte sich mit dem wenigen Vertrauen, das er besaß, an Jesus, und erhoffte von ihm, dass er seinen Glauben stärken würde. Natürlich tat er das, indem er dessen Sohn heilte.

---

[191] Markus 9,22–24

Auch uns wird Jesus unseren Glauben stärken und uns positive Erfahrungen schenken, wenn wir sein Rettungsangebot annehmen und uns einfach an ihn klammern."

„Und wie war das bei Hiob? War sein Leid etwa eine positive Erfahrung mit Gott?"

„Für Hiob schon. So hatte er es am Ende selbst gesehen. Lesen Sie bitte selbst, was er zu Gott sagte." Ich schlug noch einmal meine Bibel auf, blätterte nach Hiob Kap. 42 und deutete auf Vers 5: „Ich hatte von dir nur vom Hörensagen gehört, aber nun hat mein Auge dich gesehen."

„Hiob wollte diese schmerzliche Erfahrung sicher hinterher auf keinen Fall missen. Er war dadurch näher zu Gott gekommen.

Ein Leben mit Gott verläuft eben nicht nur im Sonnenschein. Über den Grund sprachen wir bereits. Dennoch wird es für denjenigen, der sich für ein Leben mit Christus entschieden hat, gerade auch im Leid und in Schwierigkeiten wichtige Erfahrungen geben, die seinen Glauben stärken und ihn reifen lassen.

Wenn wir solche Erfahrungen mit Gott gemacht haben, wird das unsere Einstellungen und unser Leben verändern. Das geschah auch bei Hiob. Er hatte Gott in seinem Leid angeklagt und Recht für sich gefordert. Doch nun bekannte er, ‚unweise geredet' zu haben und sagte: ‚Darum spreche ich mich schuldig und tue Buße.'[192] Er wurde ganz demütig vor Gott und hat sicher später im Leben nicht mehr an Gott gezweifelt, wenn er dessen Handeln nicht verstand oder von Satan besonders angefochten wurde.

Es sind eben nicht nur die erfreulichen Erfahrungen, die uns darin bestärken, unseren Lebensweg nicht mehr ohne Christus, unseren neuen Freund,

---

[192] Hiob 42,3.6

fortzusetzen. Wir werden bei ihm bleiben und seine Hand festhalten – auch wenn wir Leid erleben. Wir wissen, dass Satan es verursacht und nicht Gott. Wir gehen lieber Gottes Weg, weil der sicherer ist, und halten uns bei gefährlichen oder schwierigen Strecken an ihn. Wir werden erfahren, dass alle seine Ratschläge und Gebote nur zu unserem Besten dienen."

„Ich verstehe so vieles dabei noch nicht."

„Das ist ja auch alles noch sehr neu für Sie. Aber selbst, wenn wir Christus nicht ganz verstehen, sollten wir ihm vertrauen und uns nach seinen Geboten richten. Dieses Vertrauen wird belohnt und damit gestärkt werden. Und auch durch scheinbar negative Erfahrungen kann unsere Beziehung zu ihm wachsen. Manchmal vertrauen wir ihm nämlich zu wenig, hören nicht auf ihn oder folgen nicht seiner Führung. Hinterher sehen wir oft ein, was unser Fehler war: mangelndes Vertrauen oder Ungehorsam."

„Ich habe den Begriff ‚Glauben' bisher ganz anders verstanden", erklärte meine Gesprächspartnerin. „Aber jetzt ist er mir viel klarer geworden. Ich dachte immer, zum Glauben braucht man eine gewisse Begabung oder eine entsprechende Erziehung."

„Manche Menschen haben tatsächlich große Schwierigkeiten, Gott zu vertrauen", räumte ich ein. „Bei ihnen ist durch elterliche Vernachlässigung in der Kindheit die Fähigkeit, vertrauen zu können, nur mangelhaft entwickelt. Oder sie wurde durch negative Erfahrungen zerstört. Beispielsweise wirken sich emotionale oder sexuelle Misshandlungen bei Kindern in vieler Hinsicht verheerend aus. Das zerstört auch ihre Fähigkeit, anderen vertrauen zu können.

Durch ein gutes Buch ist mir erst vor kurzem bewusst geworden, dass auch die Erfahrung der Ablehnung, die durch mancherlei Umstände ausgelöst oder verstärkt wird, zum Beispiel durch eine

Scheidung der Eltern oder ihre Erziehungsfehler, viele Menschen daran hindert, ein Vertrauensverhältnis zu Gott aufzubauen. Auch in dem Fall muss man zuerst anfangen, seine Vergangenheit aufzuarbeiten.[193] Erst dann kann man seinen Mitmenschen und auch Gott wieder vertrauen."

„So etwas habe ich zum Glück nicht erlebt", sagte Frau Naumann. „Ich hatte eine recht harmonische Kindheit und eine gute Beziehung zu meinen Eltern – auch wenn sie mir manchmal zu viel Druck gemacht haben."

„Dann dürfte es Ihnen nicht schwerfallen, ein ähnliches oder noch besseres Verhältnis zu Gott und zu Jesus Christus aufzubauen. Wenn wir uns mit ihnen beschäftigen und sie besser verstehen, wächst das Vertrauen automatisch. Enttäuscht werden wir nur, wenn wir verkehrte Vorstellungen von Gott und seinem Wirken haben. Das deutsche Wort ‚Enttäuschung' ist da sehr bezeichnend: Wir können nur enttäuscht werden, wenn wir vorher einer Täuschung unterliegen."

Meine Sitznachbarin seufzte hörbar.

„Sie verstehen jetzt sicher besser, warum es mir ein Anliegen ist, möglichst vielen Menschen zu erklären, wie Gott tatsächlich ist. Die meisten Menschen lehnen Gott nur deshalb ab, weil sie eine verkehrte Vorstellung von ihm haben." Dann schwieg ich.

---

[193] Nützliche Hinweise dazu finden sich in dem Buch *Wie Gefühle heilen können nach Verletzungen in der Kindheit* von Nancy und Ron Rockey, Advent-Verlag, Lüneburg 2004 (siehe S. 171).

18

Das Lebensmotto eines Stehaufmännchens
Die Liebe Gottes

Nach einer Weile hatte meine Nachbarin wieder eine Frage: „Woher wissen Sie so viel über Gott? Haben Sie das alles aus der Bibel?"

„Im Wesentlichen ja. Und aus einigen guten Büchern. Leider sind die Informationen in der Heiligen Schrift nicht so systematisch geordnet, wie ich es Ihnen erzählt und erklärt habe. Die Bücher im Alten Testament enthalten meist Berichte über die Geschichte des Volkes Israel oder die Botschaften der Propheten an das ungehorsame Volk.

Auch im Neuen Testament finden wir nur wenige systematische Abhandlungen über grundlegende Themen des Glaubens. Die Evangelien berichten über das Leben von Jesus und die Briefe der Apostel gehen meist auf Gemeindesituationen ein. Daraus können wir vieles lernen, aber die Bibel ist leider kein systematisches Lehrbuch, wie wir es aus der Schule kennen.

Die Aussagen zu bestimmten Themen finden wir hier und da verstreut. Wir müssen sie zusammensetzen wie die Teile eines großen Puzzles. Wenn uns dann bestimmte durchgehende Linien fehlen, an denen wir uns orientieren können – Sie kennen das vielleicht vom Puzzeln –, oder wenn uns wesentliche Teile fehlen, bekommen wir das Bild ohne fremde Hilfe nicht zustande."

„Also braucht man unbedingt Hilfe, um sich in der Bibel orientieren zu können?"

„Ja, durchaus. Hätte ich solche Hilfe nicht immer wieder gehabt und gute Bücher über diese Themen, hätte ich Ihnen heute vieles nicht erklären können. Und manches von dem habe ich selbst erst vor kurzem durch einen Freund besser verstanden.

Die Heilige Schrift war im Übrigen von Gott nie zum Selbststudium gedacht. Sie war immer ein Instrument in der Hand derer, die Gott kannten und ihn erfahren hatten. Die ersten Christen haben keine Bibelabschriften verteilt, sondern anderen erklärt, was es mit Christus und dem Glauben an ihn auf sich hat. Die Apostel haben das öffentlich verkündigt und auf Versammlungen in den Häusern der Gläubigen erklärt. Dabei haben sie dann entsprechende Aussagen der Heiligen Schrift zitiert.[194] Jesus hat das gegenüber seinen Jüngern genauso gemacht: Er hat ihnen die Zusammenhänge erklärt und dabei auf Texte aus dem Alten Testament verwiesen."[195]

„Nach alledem, was Sie mir erzählt haben, sollte ich doch mal anfangen, die Bibel selbst zu lesen."

„Sie werden sicher jetzt manches besser verstehen. Fangen Sie am besten mit den Evangelien an – also mit Matthäus, Markus oder Lukas. Dort lernen Sie Jesus Christus kennen. Konzentrieren Sie sich zunächst nur darauf. Dort werden Sie vieles finden, was Sie ermutigt, ihm zu vertrauen.

Meine Lieblingsgeschichte in der Bibel ist übrigens ein Gleichnis, das Jesus erzählt hat. Sie kennen es wahrscheinlich: das Gleichnis vom verlorenen Sohn." Ich sah meine Nachbarin fragend an.

„Gehört habe ich davon schon einmal. Aber vielleicht können Sie meine Erinnerung auffrischen. Und wie ich Sie kenne, haben Sie sicher auch darin interessante Aspekte entdeckt."

---

[194] Apostelgeschichte 13,15–48; 20,20.21
[195] Lukas 24,25.26.32.45–48

„Ein junger Mann forderte von seinem reichen Vater sein Erbteil, das er auch tatsächlich erhielt", erzählte ich. „Er wollte in die Fremde ziehen. Dort hat er sein ganzes Vermögen mit falschen Freunden verprasst. Schließlich endete er in bitterer Armut und zudem herrschte in dem Land noch eine Hungersnot. Er verdingte sich als Schweinehirt.[196] Das war für einen Juden damals die tiefste Erniedrigung. Aus purer Verzweiflung und Not wollte er sogar das Schweinefutter essen.

Irgendwann fiel ihm ein, dass es die Tagelöhner seines Vaters viel besser hatten als er. Er entschloss sich, zurückzukehren und ihm zu bekennen, dass er falsch gehandelt hatte. Er wollte seinen Vater bitten, ihn als Tagelöhner zu beschäftigen. Auf dem Weg nach Hause ging er in Gedanken immer wieder durch, was er ihm sagen wollte.[197]

Es stellte sich jedoch heraus, dass er ihn völlig falsch eingeschätzt hatte. Er musste nicht als Büßer vor der Tür seines Vaters stehen und betteln, um ihn zu erweichen. Der hatte jeden Tag auf die Rückkehr seines Sohnes gewartet und ihn schon von weitem erspäht. Er stellte sich aber nicht hin und wartete ab, bis der Sohn kam, sondern lief ihm entgegen.[198] Dazu muss man wissen: Das war für einen Juden damals unwürdig. Jüdische Männer gingen gemessenen Schrittes.

Und bevor der Sohn auch nur seinen Mund öffnen konnte, um sein vorbereitetes Sündenbekenntnis abzulegen, umarmte ihn sein Vater und küsste ihn. Er ließ ihn kaum ausreden, sondern das beste Gewand herbeibringen, sowie seinen Siegelring, den er ihm aufsteckte. Er setze ihn wieder als seinen Sohn ein und

[196] Lukas 15,11–17
[197] Lukas 15,17–19
[198] Lukas 15,20

rief aus: ,Mein Sohn war verloren und ist gefunden worden. Lasst uns ein Fest feiern.'"[199]

„Ja, die Geschichte kenne ich. Sie ist wunderschön und geht richtig zu Herzen."

„Und Gott ist wie dieser Vater. Auch wenn wir ihm bewusst den Rücken gekehrt haben, seine Gaben missbraucht oder ein unmoralisches Leben geführt haben: Wenn wir zu ihm umkehren, kommt er uns schon entgegen, umarmt uns und freut sich.

Gott geht uns nach und sucht uns, so wie Jesus es im Gleichnis vom verlorenen Schaf deutlich macht.[200] Er unternimmt vieles, um uns bewusst zu machen, dass wir verloren sind und er uns retten will. Er sehnt sich danach, uns seine Liebe zu erweisen. Wenn wir uns von ihm zu Gott zurückführen lassen, nimmt er uns als seine Kinder an und macht uns zu Erben der neuen Erde. Deshalb liebe ich Gott und möchte die Ewigkeit mit ihm verbringen."

„Das klingt wirklich schön", sagte Frau Naumann leise.

„Neben einer Lieblingsgeschichte habe ich auch einen Lieblingstext. Es ist eine Verheißung, die ich immer wieder in Anspruch genommen habe. Sie lautet: ,Denen, die Gott lieben, werden alle Dinge zum Guten mitwirken.'[201] Ich kenne nur wenige Zusagen Gottes, die positiver und optimistischer sind.

Ich habe mich des Öfteren gefragt, ob ich Gott liebe, und bin zu dem Ergebnis gekommen, dass das der Fall ist – auch wenn ich nicht immer entsprechend gehandelt habe. Daher gehe ich davon aus, dass mir alles, was mir widerfährt, letztlich zum Guten dient, wenn ich Gott vertraue und ihn wirken lasse."

---

[199] Lukas 15,22–24
[200] Lukas 15,4.5
[201] Römer 8,28 EB

„Sie Glücklicher!"

„Das ist kein Glück – zumindest nicht im Sinne von Zufall –, denn jeder kann dieses Versprechen in Anspruch nehmen, sofern er Gott liebt und ihm vertraut.

Selbst wenn ich einmal wieder auf die Nase gefallen bin oder wenn manches in meinem Leben schief geht, bin ich mir sicher, dass Gott mir nicht nur aus meiner Misere heraushilft, sondern die negativen Umstände dazu benutzt, um sie mir in irgendeiner Weise zum Guten dienen zu lassen – auch wenn die negativen Ereignisse nur dazu beitragen mögen, mich charakterlich reifen zu lassen."

„Was mich nicht umbringt, macht mich stark", bemerkte meine Sitznachbarin.

„Etwa nach diesem Sprichwort, nur mit der göttlichen Garantie, dass mich nichts umbringen, d. h. mir nichts das ewige Leben rauben kann, wenn ich Gott vertraue und ihn liebe. Der mächtige und weise Gott liebt uns und kennt tausend Wege, um uns zu helfen, wo wir nicht einmal einen einzigen Ausweg sehen. Das ist zwar kein Automatismus, andererseits kann Gott uns sogar aus einer selbstverschuldeten Misere heraushelfen und noch etwas Gutes daraus machen."

„Sie glauben also, dass Gott sich ganz persönlich um uns kümmert?"

„Davon bin ich nicht nur überzeugt, sondern das haben viele Christen und ich selbst praktisch erfahren. Ich weiß mich von Gott geliebt, weil Jesus und das Wort Gottes es mir versichern. Manchmal habe ich mich in meinem Bekanntenkreis umgesehen und fast ein schlechtes Gewissen bekommen, weil ich meinte, dass es mir besser geht als vielen anderen – trotz der Fehler, die ich in meinem Leben gemacht habe. Vielleicht ist es auch nur mein subjektiver Eindruck. Aber wenn ich mein Leben Revue passieren lasse, sehe ich so viele Beispiele der Hilfe und Liebe Gottes. Das macht mich dankbar und führt mich dazu, Gott noch inniger zu lieben."

„Das hört sich wieder so an, als hätten Sie immer auf der Sonnenseite des Lebens gelebt."

„Nein, ich habe auch manche dunklen Stunden erlebt", räumte ich ein. „Die Probleme schienen bisweilen unlösbar, die Gefahren übergroß oder die Umstände menschlich gesehen hoffnungslos. Wenn ich dann so richtig deprimiert war und nicht mehr ein noch aus wusste, habe ich mich an diese Zusage erinnert: ‚Denen, die Gott lieben, werden alle Dinge zum Guten mitwirken.' Danach hat mich eine große Gelassenheit und Ruhe erfüllt und ich habe mich daran erinnert, wie Gott mir in der Vergangenheit geholfen hat."

„Können Sie dazu mal ein Beispiel erzählen?"

Ich überlegte eine Weile, welches Beispiel ich nehmen sollte. „Vor vielen Jahren befand ich mich einmal in einer Phase der beruflichen Neuorientierung", begann ich. „Ich war mehrere Jahre im Ausland gewesen und nach meiner Rückkehr nach Deutschland zunächst arbeitslos. Das war nicht einfach. Um nicht zu verhungern, bis ich eine neue Aufgabe gefunden hatte, ließ ich mich von einer Zeitarbeitsfirma als Hilfskraft in verschiedenen Industrieunternehmen einsetzen. Zunächst war das recht deprimierend, denn ich fühlte mich in der Produktion oder im Lager zugleich unter- und überfordert. Industrieunternehmen waren mir völlig fremd, denn bis dahin hatte ich nur für Non-Profit-Organisationen gearbeitet.

Erst ein paar Jahre später stellte ich dann fest, was für eine gute Schule diese Arbeit in der Industrie war. Als ich als Unternehmensberater zu arbeiten begann, profitierte ich von meinem Verständnis der unterschiedlichen Industriezweige und Unternehmensfunktionen. Rückblickend konnte ich darin die Hand Gottes sehen.

Danach habe ich mir in jeder schwierigen Lage gesagt: *Ich bin gespannt, welchen genialen Schachzug Gott sich jetzt wieder einfallen lässt, um aus dieser Situation einen Segen zu machen.* Und es dauerte oft nicht lange, bis sich der gordische Knoten vor meinen Augen löste. In vielen Fällen war ich hinterher besser dran als vorher."

„Und das geschieht immer?", fragte Frau Naumann mit zweifelndem Unterton.

„Darauf vertraue ich, solange ich Gott liebe. Natürlich erkennen wir das nicht immer gleich", schränkte ich ein. „Manchmal dauert es Jahre oder vielleicht noch länger, bevor wir im Rückblick sagen können: ‚Es ist letztlich gut gewesen, dass es so gekommen ist' oder: ‚Gott hat selbst aus dieser Niederlage noch etwas Gutes gemacht. Jetzt erkenne ich die Hand Gottes in meinem Leben. Alles hat irgendwie einen Nutzen gehabt und sich zum Guten entwickelt.'"

Meine Gesprächspartnerin dachte eine Weile nach. „Das ist wunderschön. Ich kann nachvollziehen, was für eine positive Kraft der Glaube in Ihrem Leben ist."

Wir schwiegen eine Weile.

19

Ein Scheck vom Himmel
Erfahrungen mit Gott

Wir hatten uns so angeregt unterhalten, dass wir gar nicht gemerkt hatten, dass inzwischen vor uns im Osten die Sonne aufgegangen war. Die Nacht war vorbei und wir hatten keine Minute geschlafen.

„Sie haben ein paar Mal von Erfahrungen mit Gott gesprochen", nahm meine Nachbarin das Gespräch wieder auf. „Mir ist noch nicht klar, was Sie damit meinen. ‚Glaube' verstehe ich als etwas Abstraktes, etwas, das in meinem Denken geschieht. Aber Erfahrungen sind doch etwas Konkretes. Wie kann ich Erfahrungen mit jemandem machen, den ich weder sehen noch hören kann?" Sie legte ihre Stirn in Falten und sah mich erwartungsvoll an.

„Erfahrungen mit Gott erlebe ich folgendermaßen: Als Christ lese ich häufig in der Bibel. In ihr finde ich viele Zusagen oder Versprechen Gottes, die allen seinen Kindern gelten. Daher bezeichnen wir die Bibel auch als ‚Wort Gottes'. Er spricht uns persönlich an."

„Können Sie mal ein Beispiel nennen?"

„Der Apostel Petrus fordert die Christen auf: ‚Ladet alle eure Sorgen bei Gott ab, denn er sorgt für euch.'[202] Gott gibt uns in der Bibel viele Versprechen, die von Bedingungen abhängen, zum Beispiel seine Sünden zu bekennen,[203] oder in diesem Fall, seine Sorgen wirklich bei Gott abzuladen und sie nicht weiter mit sich herumzuschleppen. Wenn ich sein Versprechen in Anspruch nehme, die Bedingungen erfülle und ihm

---

[202] 1. Petrus 5,7 Hfa
[203] 1. Johannes 1,9

vertraue, werde ich erfahren, dass er seine Zusage hält. Wenn das *einmal* passiert, kann ich es noch dem Zufall oder meiner Einbildung zuschreiben. Wenn es aber immer wieder geschieht, wenn sich also ein Muster ergibt, dann nenne ich das ‚Erfahrungen mit Gott'."

„Und was haben Sie zum Beispiel konkret erlebt?"

„Vor vielen Jahren kam ich einmal in eine schwierige finanzielle Lage. Ich musste im Rahmen meines Studiums sechs Monate in die USA. Dafür hatte ich bereits ein Stipendium. Doch ich brauchte vor meiner Abreise noch etwas Geld. Das schien zunächst auch kein Problem zu sein, denn ich hatte ein altes Auto, das ich verkaufen wollte. Der Erlös hätte meine Verpflichtungen gedeckt. Es gab auch schon eine Käuferin. Alles schien also gut zu laufen.

Wenige Tage vor meiner Abreise und der Übergabe des Autos stellte sich jedoch heraus, dass der Wagen eine neue Kardanwelle brauchte. Die Reparatur hätte rund 800 Mark gekostet – Geld, das ich nicht besaß. Was sollte ich tun? Ich brauchte Geld für die Reparatur, um durch den Verkauf Geld zu bekommen. Und die Zeit lief mir davon.

Zu jener Zeit hatte ich ein Mündel. Jahre zuvor hatte mich ein Hamburger Gericht zum Vormund für einen Jungen bestimmt, der beide Eltern verloren hatte. Er hieß Lothar, war inzwischen 17 Jahre alt und ging auf ein Internat in Darmstadt. Seine Ferien verbrachte er bei mir zu Hause in Hamburg. Lothar war kein Christ, sondern überzeugter Marxist. Dennoch passte er sich höflich den Gepflogenheiten des Hauses an und nahm an meinen Andachten teil.

Am Abend des Tages, an dem ich den Schaden an meinem Auto entdeckt hatte, sagte ich: ‚Lothar, ich habe ein Problem: Ich brauche kurzfristig 800 Mark.' Ich erzählte ihm die Geschichte und schlug ihm vor:

‚Lass uns niederknien und beten. Gott hat tausend Wege, uns zu helfen.'

Es war schon eine kuriose Situation. Der ungläubige Lothar kniete mit mir nieder und ich bat Gott darum, die eben zitierte Verheißung zu erfüllen. Ich überließ Gott diese Sorge um das Geld und vertraute darauf, dass er irgendwie dafür sorgen würde.

Am folgenden Vormittag hatte ich einige Dinge zu erledigen. Lothar blieb zu Hause. Als ich mittags heimkam, war er ganz aufgeregt: ‚Eben hat die Zeitung angerufen. Die wollen dich dringend sprechen. Du sollst zurückrufen. Hier ist die Nummer. Sie haben gesagt, dass du der meistgesuchte Mann in der Stadt bist.'

Mir fuhr der Schreck in die Glieder. Was hatte ich getan? Ich war mir keiner Schuld bewusst. Also rief ich die Zeitung an. ‚Können Sie sich denken, warum wir Sie sprechen wollen?', fragte der Redakteur am anderen Ende. Ich verneinte das. ‚Sie haben den Dichterpreis gewonnen', erklärte er und fragte, ob er gleich mit einem Fotografen zum Interview und zur Scheckübergabe vorbeikommen könnte.

Einige Monate zuvor hatte ich an einem Dichterwettstreit für ein PR-Gedicht teilgenommen, ausgeschrieben von der Stadt Hamburg, einer Bank und dieser Tageszeitung. Da ich nichts mehr davon gehört hatte, war die Geschichte für mich erledigt gewesen. Ich hatte sie völlig vergessen. Doch da erhielt ich diese Mitteilung – nur einen Tag nach meinem Gebet um die Lösung des Geldproblems. Der Preis war jedoch nicht mit 800, sondern mit 2500 Mark dotiert. Wenige Stunden später hielt ich den Scheck dafür in der Hand."

„Das ist ja phantastisch."

„Ja, tatsächlich. Für mich war das kein Zufall, sondern die Erfüllung der Zusage Gottes. Das war eine konkrete Erfahrung mit Gott. Als besonders bemerkenswert empfand ich auch die Rolle, die der ungläubige Lothar als Zeuge hierbei spielte."

„Das muss doch einen enormen Eindruck auf diesen jungen Mann gemacht haben", meinte Frau Naumann. „Ist er danach gläubig geworden?"

„Leider nein. Jedenfalls nicht solange ich ihn kannte. Ich habe Lothar nach Erreichen seines 18. Lebensjahres, als die Vormundschaft endete, leider aus den Augen verloren", erklärte ich. „Aber so manches Mal habe ich mich gefragt, was er wohl tun würde, wenn er selbst in eine Notlage kommt."

Sie lächelte und fragte: „Meinen Sie, dass das immer funktioniert und jeder andere das auch erleben kann?"

„Natürlich ist das Gebet kein Geschenkautomat", versuchte ich die Erfahrung ein wenig zu relativieren. „Und nicht immer wissen wir, was gut für uns ist. Deshalb sollten wir es Gott überlassen, wie er handelt, und ihm keine Wunschliste vortragen."

In dem Moment wurden wir über die Bordlautsprecher aufgefordert, uns zur Landung anzuschnallen. Wir taten es.

„Der entscheidende Punkt ist", fuhr ich fort, „dass wir ein Versprechen Gottes zur Grundlage unserer Bitte machen, die genannten Bedingungen erfüllen und Gott vertrauen und gehorchen.[204] Das ist deshalb wichtig, weil Gott uns nicht segnen kann, wenn wir auf verkehrten Wegen gehen."

„Das ist mir schon klargeworden."

„Auch um Erfahrungen mit Gott zu machen, ist es wichtig, in der Bibel zu lesen: Wir lernen nicht nur ihn besser kennen, sondern auch seine Versprechen und Gebote. Wenn wir Gott um die Erfüllung eines Versprechens bitten, ihm vertrauen und auf ihn

---

[204] Römer 4,20.21; 1. Johannes 3,22

hören, wird er seine Zusage einhalten. So beweist er uns seine Vertrauenswürdigkeit und stärkt unser Vertrauen zu ihm.

Ich habe im Laufe meines Lebens viele Gebetserhörungen erlebt. Sie waren nicht alle so spektakulär – einige standen dieser allerdings nicht in vielem nach. Das waren für mich Erfahrungen mit Gott."

„Ich verstehe jetzt besser, was Sie meinen."

„Es ist immer ein Dreiklang von Wort Gottes, Gebet und Erfahrung", ergänzte ich. „Alle drei Elemente gehören zusammen. Die Heilige Schrift ermutigt mich zum Bitten durch Gottes Versprechen und die Berichte über gläubige Menschen, die Gebetserhörungen erlebt haben. Zugleich ermahnt und korrigiert mich Gott durch sein Wort."

„Wieso korrigiert?"

„Durch verkehrte Erwartungen oder mein Wunschdenken könnte ich manches, was ich erlebe, als göttliche Fügung verstehen, was es aber nicht unbedingt ist. Das könnte mich in die Irre führen. Wenn ich mich nur auf meine persönlichen Erfahrungen, Eingebungen oder Gefühle verlasse, könnte Satan mich leicht in die falsche Richtung führen. Gott wird mich aber nicht auf einen Weg führen, den er in der Bibel als gefährlich oder verboten bezeichnet. So kann er mich durch sein Wort korrigieren, wenn ich auf ihn höre, und mich vor vielem bewahren. Auch das sind gewissermaßen Erfahrungen mit Gott.

Noch etwas zum Beten: Natürlich gibt es nicht für alles, was wir uns wünschen, ein Versprechen in der Bibel. Dennoch können wir Gott um alles bitten. Ich mache mir jedoch dann beim Beten klar, dass ich keine Verheißung als Grundlage meines Vertrauens habe und Gott meine Bitte so beantworten wird, wie das gute Eltern bei ihren Kindern tun. Wie sind Sie mit den Bitten Ihres Sohnes umgegangen?"

„Manchmal habe ich ihm gegeben, was er wollte, aber manchmal auch nicht."

„Und das sicher aus guten Gründen. Und hin und wieder haben Sie ihm später gegeben, um was er bat, als er dafür reif war."

„Ja, genau."

„So ähnlich macht es auch Gott als unser himmlischer Vater:[205] Manches gibt er uns gleich, manches später und manches nie. Wir bitten ihn manchmal um Dinge, die nicht gut für uns sind. Wenn ich kein konkretes Versprechen Gottes als Grundlage meiner Bitte habe, dann füge ich hinzu: ‚Herr, nicht mein, sondern dein Wille geschehe.'[206] So hat es uns Jesus im Vaterunser gelehrt.[207] Wenn ich jedoch ein Versprechen Gottes habe, dann hat er mir damit ja bereits gezeigt, was sein Wille ist und was er für mich tun will. Dann kann ich zuversichtlich um dessen Erfüllung bitten und werde diesen Satz natürlich nicht anfügen."

„Das leuchtet mir ein."

In dem Moment setzte unsere Maschine auf der Rollbahn auf. Mit abgefedertem Gerumpel unter unseren Sitzen schossen wir dahin. Der Erdboden hatte uns wieder. Bis zum Andocken am Flugsteig hatten wir bestimmt noch zehn Minuten Zeit. Es war ein wunderschöner sonniger Morgen. Ich freute mich, wieder in Frankfurt zu sein. Selten waren acht Stunden so schnell vergangen.

---

[205] Matthäus 7,7–11
[206] Lukas 22,42b
[207] Matthäus 6,10

20

Wie geht es weiter?

„Wissen Sie", sagte Frau Naumann, „das war eine höchst ungewöhnliche Unterhaltung. Eigentlich wollte ich mich ja nicht über Religion belehren lassen. Ich dachte, das Thema sei für mich erledigt. Aber vieles von dem, was Sie erklärt haben, war für mich völlig neu und interessant – ja, und zum großen Teil auch überzeugend. Ich will darüber weiter nachdenken. Sie haben mich neugierig gemacht."

„Das freut mich."

„Ich würde gern noch mehr über Gott erfahren, aber wie?" Sie seufzte. „Ich befürchte, dass ich vieles in der Bibel doch nicht verstehen werde. Ich kenne auch niemanden, den ich fragen könnte."

„Wenn Sie im Neuen Testament anfangen zu lesen, also hinten in der Bibel, werden Sie jetzt vieles über Jesus Christus verstehen", versicherte ich ihr. „Eine moderne Bibelübersetzung würde Ihnen auch gut weiterhelfen. In jeder Buchhandlung bekommen Sie eine ‚Gute Nachricht Bibel', die auch in vielen Fußnoten und im Anhang gute Erklärungen enthält.

Ich biete Ihnen noch eine besondere Starthilfe an: zwei Taschenbücher einer Autorin, die mir sehr geholfen hat, all die Zusammenhänge zu verstehen, die ich Ihnen heute erklärt habe. Das eine Buch erklärt die Berichte über Christus, das andere, wie ich eine Beziehung zu ihm aufbauen kann.[208] Das ist viel wichtiger, als die biblischen Geschichten zu verstehen und alle biblischen Lehren zu kennen."

---

[208] Ellen G. White: *Der Sieger* und *Der bessere Weg*, siehe Seiten 164 und 165.

„Sie haben die Bücher aber doch sicher nicht dabei."

„Nein, natürlich nicht. Aber ich würde sie Ihnen gern zuschicken, wenn Sie möchten. Es sind ja keine Wälzer."

„Das würden Sie tun?"

„Sogar sehr gern. Ich brauche lediglich Ihre Anschrift."

„Die gebe ich Ihnen gern." Sie holte eine Visitenkarte aus ihrer Handtasche hervor und gab sie mir. Ich überreichte ihr meine im Gegenzug. Sie sah sie sich kurz an. „Darf ich Sie mal anrufen, wenn ich noch Fragen habe?"

„Auf jeden Fall. Ich schicke Ihnen auch die Kopien der Ausarbeitungen über den Sündenfall und den Erlösungsplan zu.[209] Und es gibt noch etwas, was Ihnen weiterhelfen kann: die kostenlosen Bibelfernkurse des Internationalen BibelStudien-Instituts. Ich lege Ihnen die Adresse bei, wo Sie sie anfordern können.[210] Dem Studienbegleiter Ihres Kurses können Sie auch schriftlich Fragen stellen.

Das Beste wäre natürlich, wenn Sie sich einem Kreis von Christen anschließen würden, in dem man die Bibel gemeinsam studiert und darüber spricht. Die Gemeinde, der ich angehöre, ist auch in Düsseldorf vertreten. Ich schicke Ihnen gern die Adresse zu."[211]

„Vielleicht ist mir das für den Anfang noch zu viel. Ich werde zuerst die Bücher lesen und kann ja auch den Bibelkurs in Anspruch nehmen."

Nach einer kleinen Pause fügte sie hinzu: „Das war wirklich ein netter Zufall, dass wir uns kennengelernt haben." Sie lächelte.

---

[209] Siehe Seite 161.
[210] Siehe Seite 174.
[211] Anschriftenquellen siehe Seite 173.

„Wissen Sie, eigentlich glaube ich nicht an Zufälle, oder besser: Vieles von dem, was wir als Zufälle einstufen, kann Gottes Fügung sein. Ich möchte Ihnen etwas verraten: Bei meiner Andacht gestern Morgen vor meiner Abreise habe ich gebetet: ‚Lieber Vater im Himmel, lass mich, wenn möglich, im Flugzeug vier Sitze für mich haben, damit ich mich ausstrecken und ein wenig schlafen kann.'"

Sie schmunzelte.

„Mir wurde dann aber schnell bewusst, dass das ein ziemlich egoistisches Gebet ist. Also habe ich weitergebetet: ‚Wenn es jedoch im Flugzeug einen Menschen gibt, der etwas über dich erfahren möchte, dann setze mich neben diesen Menschen.'

Ich glaube, wir beide hatten heute Nacht eine göttliche Verabredung. Das war kein Zufall, sondern wieder eine Erfahrung mit Gott. Ich bin fest überzeugt, dass Jesus Sie ganz besonders liebt. Er wird sich bestimmt darüber freuen, wenn Sie seine ausgestreckte Hand ergreifen."

„Ich kann verstehen, dass Sie das sagen", meinte Frau Naumann. „Ich glaube, dass ich ihm heute Nacht ein gutes Stück nähergekommen bin."

Unser Abschied war kurz und herzlich. Ich war zuversichtlich, dass er nicht für immer sein würde.

Anhang

Einige Argumentationen in diesem Buch beruhen auf dem Bibelkreismaterial des Lektors Werner E. Lange.

Es ist speziell konzipiert für das Bibelstudium in Kleingruppen oder zu zweit und umfasst eine ganze Palette von Themen:

- Der Erlösungsplan Gottes (vom Ursprung des Bösen bis zur neuen Erde)
- Der Aufbau und die Pflege der Gemeinschaft mit Jesus Christus (Gebet, Bibelstudium, Zeugnis)
- Das Leben in der Nachfolge Christi (Sündenvergebung und -überwindung, Wiedergeburt, Rechtfertigung und Heiligung, Heilsgewissheit, Gemeinde Jesu, Taufe und Abendmahl, Leben nach Gottes Geboten)
- Der Mensch als Haushalter Gottes (Gesundheit, Geld, Gaben)

Die Zusammenfassungen jedes Themas für die Teilnehmer sind auf der Internetseite des Advent-Verlags als pdf-Dateien abrufbar (www.advent-verlag.de unter Downloads, Arbeits- und Studienhilfen).

Die Studienanleitungen für die Bibelkreisthemen, Hinweise für die Leiter und Illustrationen zu den Themen sind passwortgeschützt abgelegt. Das Passwort kann per E-Mail angefordert werden.

Auf den folgenden Seiten findet sich die Übersicht, auf die in Kapitel 8 Bezug genommen wird.

I. Die Folgen des Sündenfalls	II. Anforderungen an Gott
1. **Ein gestörtes Vertrauens-verhältnis** zu Gott: Misstrauen herrscht gegenüber ihm.	1. **Beweis seiner Vertrauens-würdigkeit** (der bloße Anspruch genügt nicht); Entlarvung der Behauptungen und Ansprüche Satans als Lügen.
2. Eine **zerstörte Liebesbeziehung** zu Gott: es herrscht Angst vor ihm statt Liebe zu ihm.	2. **Beweise der Liebe und Barmherzigkeit Gottes;** Offenbarung des wahren Charakters Satans, dessen Selbstsucht, Machtgier und Mordlust.
3. Eine **veränderte Loyalität:** die Menschen haben sich der Rebellion Satans angeschlossen; sie sind Gott ungehorsam und missachten seine Gebote.	3. **Die Menschen motivieren, die Rebellion aufzugeben,** der Herrschaft Satans abzusagen und Gott wieder aus Liebe zu ihm gehorsam zu sein.
4. **Schuld** durch Übertretung des Gesetzes Gottes; die Menschen haben den ewigen Tod verdient; **Verlust des Anrechts** auf ewiges Leben.	4. Einen Weg finden, die **Schuld der Menschen** zu sühnen, ohne sie zu bestrafen, ohne das Gesetz zu ändern und ohne unfair gegenüber Satan zu sein.
5. **Verlust des reinen Wesens** der Menschen: ihr Charakter ist von Selbstsucht geprägt; **Verlust der Eignung** für das harmonische ewige Leben.	5. **Veränderung des Wesens** der Menschen mit ihrer Einwilligung, ohne Zwang: alle Selbstsucht durch Liebe ersetzen; das Bild Gottes im Menschen wieder herstellen.
6. **Verlust des ewigen Lebens:** die Menschen sind sterblich geworden und dem Tode geweiht; die Folgen: Verfall, Krankheiten und Leiden.	6. **Befreiung der Menschen vom Tod,** von Krankheiten, allen Leiden und dem Verfall; Verleihung des ewigen Lebens.
7. **Verlust der paradiesischen Heimat** und der unmittelbaren, sichtbaren Gegenwart Gottes. Die Menschen können Gottes Herrlichkeit nicht mehr ertragen.	7. **Wiederherstellung der paradiesischen Zustände auf der Erde** und der sichtbaren Gegenwart Gottes unter den Menschen.

III. Das Vorgehen Gottes

1. Er beweist seine Vertrauenswürdigkeit durch sein Handeln mit Völkern. Gott gibt Satan Zeit und Gelegenheit, seine Absichten und seinen Charakter zu offenbaren.
2. Er beweist seine Liebe und Barmherzigkeit durch sein Handeln mit Israel und durch Jesus, der Gottes Charakter offenbart. Satan entlarvt sich durch die Tötung Jesu.
3. Die Erkenntnis der Liebe Gottes erweckt Gegenliebe (oder verhärtet), die zum Gehorsam und Dienst motiviert und die Angst vor Gott und seinem Gericht vertreibt.
4. Gott sühnt selbst die Schuld: Jesus Christus nimmt alle Sünden auf sich und stirbt stellvertretend für uns. Wer seine Sünden bekennt und aufgibt, erfährt Vergebung.
5. Christus befreit als Erlöser durch den Heiligen Geist alle, die es wollen, von sündigen Gewohnheiten und verändert ihren Charakter zur Christusähnlichkeit.
6. Bei Jesu Wiederkunft werden alle seine treuen Nachfolger verwandelt bzw. vom Tode auferstehen; sie erhalten einen unsterblichen Körper.
7. Nachdem im Gericht alle Fragen beantwortet wurden und Gott gerechtfertigt ist, erneuert er die Erde und macht sie zur Wohnstätte für sich und die Menschen.

IV. Anforderungen an Mittler

1. Er muss Gottes Charakter getreu darstellen in einer Weise, die die Menschen verstehen und begreifen können. Dazu muss er **mit Gott wesensgleich sein.**
2. Er muss **uns Menschen gleich werden,** um sich uns verständlich zu machen, unser Stellvertreter zu werden und Satan in seinem Herrschaftsbereich zu begegnen.
3. Er muss selbst **sündlos bleiben** und beweisen, dass die Menschen aus der Kraft Gottes gehorsam sein und nicht zur Sünde gezwungen werden können.
4. Er muss **alle Sünden auf sich nehmen und die Strafe dafür erleiden** (den 2. Tod). Sein Opfer muss dem göttlichen Gesetz gleichwertig sein.
5. Der Erlöser muss die Macht haben, uns von der Gebundenheit an Satan und sündige Gewohnheiten befreien zu können. Er muss also **mächtiger als Satan sein.**
6. Er darf nicht tot bleiben, sondern muss **auferstehen,** um vor dem Universum als unser Mittler, Bürge und Fürsprecher aufzutreten.
7. Um uns aufzuerwecken und alles neu zu schaffen, muss er **schöpferische Kraft besitzen,** also **Gott gleich sein.**

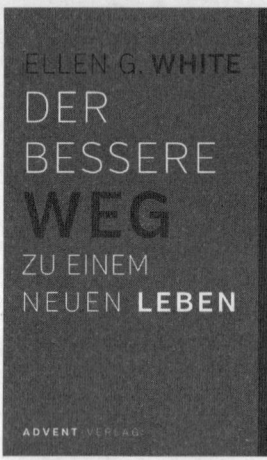

ELLEN G. WHITE
DER
BESSERE
WEG
ZU EINEM
NEUEN LEBEN

ADVENT VERLAG

**Eine Beziehung
zu Jesus Christus
aufbauen und
aufrechterhalten**

Viele Menschen sehnen sich nach Geborgenheit und
Liebe, Hoffnung, Halt und Frieden: Sie sehnen sich
nach einem besseren Leben. Die Frage nach Gott be-
wegt heute noch viele, die ihr Leben hinterfragen und
nach einem Sinn über den Tod hinaus suchen. Jesus
Christus sagte: „Ich bin der Weg, die Wahrheit und das
Leben." Ist er wirklich die Antwort auf dieses Fragen und
Suchen?

Die Autorin gibt inspirierende und herausfordernde
Antworten, biblisch fundiert, lebensnah und verständlich. In 165 Sprachen übersetzt und millionenfach verbreitet, ist dieses Buch eine wertvolle Orientierungshilfe
in Lebens- und Glaubensfragen.

Ellen G. White:
Der bessere Weg zu einem neuen Leben
120 Seiten, Taschenbuch, Art.-Nr. 7723, Neubearbeitung

Der Sieg der Liebe

Jesus Christus hat die Welt verändert. Durch sein Leben und Sterben hat er in letzter Konsequenz gezeigt, wie liebevoll, gütig und barmherzig Gott ist. Durch seine Auferstehung hat er der Menschheit Hoffnung über das Grab hinaus geschenkt.

Wer Jesus und seiner Botschaft begegnet, bleibt nicht unberührt. Millionen von Menschen haben durch ihn ein neues, glückliches Leben gefunden, das auch in dunklen Stunden von Hoffnung getragen ist. Dieses Buch beschreibt in einzigartiger Lebendigkeit die Person und das Wirken von Jesus Christus anhand der vier Evangelien. Es ist nicht nur sehr informativ, sondern ermutigt dazu, sich Jesus Christus anzuvertrauen und die Heilkraft des Glaubens zu erleben.

Ellen G. White: *Der Sieg der Liebe*
(Das Leben Jesu)
840 Seiten, Taschenbuch, Art.-Nr. 1776

Die Geschichte, die die Welt verändert(e)

Ellen White schildert in diesem kleinen Buch mit beispielloser Einsicht die Auseinandersetzung zwischen Gott und Satan an entscheidenden Punkten des kosmischen Konflikts. Sie stellt dar, wie der Sohn Gottes, Jesus Christus, durch sein Leben und seinen Tod am Kreuz Satan als Lügner und Mörder entlarvte und ihn damit überwand. Und sie schildert, wie Satan und alles Böse einmal endgültig vernichtet werden wird und Gott dann für die erlösten Menschen eine neue Erde schafft.

Dies ist die Geschichte, die die Welt verändert(e) – und die auch Ihr Leben verändern kann, weil sie einen fantastischen Einblick gibt, was hinter den Kulissen der Weltgeschichte geschah und was in baldiger Zukunft geschehen wird.

Ellen G. White:
Die Geschichte, die die Welt verändert(e)
96 Seiten, Taschenbuch, Art.-Nr. 7714

Neu starten, befreit leben, sicher ankommen

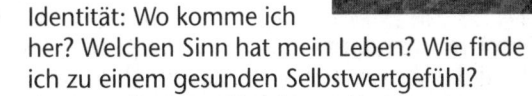

Dieses Buch fordert heraus und macht Mut, einen neuen Anfang im Leben zu wagen. Dabei geht es um folgende Themen:

- Identität: Wo komme ich her? Welchen Sinn hat mein Leben? Wie finde ich zu einem gesunden Selbstwertgefühl?
- Kommunikation: Wie können Beziehungen – sowohl zwischenmenschliche als auch die Beziehung zu Gott – gelingen und heil werden?
- Lebensqualität: Wie kann ich ein neues Leben ohne Altlasten beginnen? Wo finde ich Orientierung, ohne mich abhängig zu machen?
- Zukunft: Wie geht es nach dem Tod weiter? Hat die Sehnsucht nach dem Paradies eine Chance, in Erfüllung zu gehen?

Anschaulich und lebensnah behandelt Elí Diez-Prida diese und andere existenziellen Fragen aus einer biblisch-christlichen Perspektive.

Elí Diez-Prida: *Leben 2.0*
Neu starten, befreit leben, sicher ankommen
144 Seiten, Taschenbuch, Art.-Nr. 7715

Was kommt auf uns zu?

Unser Planet durchläuft heute radikale Veränderungen. Schlagwörter wie Klimawandel, Umweltkatastrophen, Bevölkerungsexplosion, Globalisierung oder Terrorismus sind unsere täglichen Begleiter. Was kommt auf die Menschheit noch alles zu? Und wo ist Gott in alledem? Welchen Plan hat er mit uns?

In diesem Buch zeigt der Verfasser, der Theologe Dr. Hans Heinz †, wie weltgeschichtliche Veränderungen in der Vergangenheit überraschende Einsichten in die Zukunft unseres Planeten Erde eröffnen. Gott wirkt in der Geschichte und lenkt sie zu einem guten Ziel! Er hat in der Bibel viele Vorhersagen über die Zukunft unseres Planeten gegeben, aus denen wir erkennen können, was auf uns zukommt – und auch erfahren, was wir zu tun haben, um für Gottes neue Welt, in der es keinen Tod mehr gibt, bereit zu werden.

Hans Heinz: *Radikale Veränderungen*
Unsere Welt im Blickpunkt der Prophetie
In 12 Sprachen übersetzt, 128 Seiten, Taschenbuch
Art.-Nr. 824

Was geschieht nach dem Tod?

Seit jeher steht der Mensch dem Tod hilflos gegenüber. Deshalb hören manche es gern, wenn man ihnen
sagt, dass sie beim Sterben zwar einen dunklen Tunnel
durchqueren müssen, dann aber in eine wunderschöne,
strahlende Lichtwelt aufgenommen werden.

Ist das so? Was geschieht wirklich, wenn ein Mensch
stirbt? Gibt es eine Quelle, aus der sich zuverlässige
Informationen über den Tod und den Zustand der Toten
schöpfen lassen? Besitzen wir eine unsterbliche Seele?
Müssen Menschen in einer Hölle leiden? Gibt es Magie
im göttlichen Gewand?

Die Autoren dieser Broschüre geben auf solche und
ähnliche Fragen fundierte Antworten. Aber nicht nur
das: Sie vermitteln auch Trost und Hoffnung.

Mark Finley und S. Mosley:
Licht am Ende des Tunnels?
Die Wahrheit über das Leben nach dem Tod
80 Seiten, Taschenbuch, Art.-Nr. 1278

**So wirkt Gott
heute noch!**

Dies ist ein Buch voller Geschichten, die das Leben
(besser: Gott) schrieb! Acht Menschen, die sich in
Alter, Herkunft, Ansichten, Lebensumständen und
weltanschaulichen Hintergründen unterscheiden,
erzählen, wie sie zum Glauben gefunden haben
und Jesus Christus begegnet sind. Ihre Erfahrungen
mit Gott und ihr Glaube haben sie und ihr Leben
(zum Teil völlig) verändert.

Das zu lesen, ist spannend, macht nachdenklich
und trifft ins Herz. Mit ihren Berichten möchten die
Autoren alle Leser ermutigen, auf Gott zu vertrauen
und Jesus Christus die Chance zu geben, ihnen neue
Lebensperspektiven zu vermitteln.

Glaube, der mein Leben verändert hat
Acht Menschen finden, wofür sich zu leben lohnt
96 Seiten, Taschenbuch, Art.-Nr. 7706

Sieben Gründe, warum es besser ist, mit Gott zu leben

Fragen auch Sie sich: Warum brauchen wir Gott überhaupt? Warum sollten wir unser Leben durch Religion komplizierter machen? Ist der Glaube an Gott nicht eher etwas für alte, arme oder kranke Menschen?

In diesem Buch zeigt Nathan Brown die Vorteile des christlichen Glaubens an Gott. Er ist davon überzeugt, dass Gott für jeden Menschen bedeutsam ist und das Leben mit ihm besser ist als ohne ihn. Dafür nennt er sieben Gründe und beleuchtet sie in kurzen Essays aus verschiedenen Perspektiven.

Finden Sie heraus, welche Gründe für Sie relevant sind!

Nathan Brown: *7 Gründe für ein Leben mit Gott*
168 Seiten, Taschenbuch, Art.-Nr. 1925

Warum es sich lohnt, ein Christ zu sein

Was früher einmal so gut wie selbstverständlich war, ist heute für viele Menschen nicht mehr sonderlich attraktiv: einer Kirche anzugehören. Ist der Glaube der Christen mehr als Vertröstung auf ein ungewisses Jenseits und Kirche etwas anderes als ein frommer Traditionsverein? Können mir christliche Gemeinden etwas bieten, worauf ich nicht verzichten sollte?

Das sind einige der Fragen, die *Christsein heute* im Zusammenhang aktueller Trends und Herausforderungen behandelt, und zwar am Beispiel der Siebenten-Tags-Adventisten, einer der weltweit am schnellsten wachsenden christlichen Freikirchen. Ihre Glaubens- und Lebenspraxis wird mithilfe kurzer Erläuterungen, persönliche Statements und vieler Bilder dargestellt.

Christsein heute – *Gelebter Glaube*
144 Seiten, Softcover, durchgehend vierfarbig,
Art.-Nr. 7703